성경은 처음이시죠?

성경을 처음 만나는 이들에게 전하는 **성경 속 복음 안내서**

성경은 처음이시죠?

정소영 지음

추천의 글

사랑을 가득 담아 써낸 성경 안내서

성경을 안내하는 일은 쉽지 않은 일입니다.

성경 자체가 너무도 방대하고, 독자의 수준도 다양하기 때문입니다. "그때 거기서 그들에게 이것은 무슨 의미였는가?" 이것을 연구하는 것이 주석입니다.

그런가하면 "이 말씀은 지금 여기서 우리에게 어떤 의미를 가지고 있는가?" 이것을 추구하는 것이 묵상입니다. 이것은 전문가들이 하는 작업입니다. 비전문가가 성경 전체에 대하여 이런 작업을 할 수는 없지요. 그렇다고 특별한 용어나 데이터에 대한 보충 설명을 시도하는 핸드북을 쓰기도 어렵습니다.

이 책 『성경은 처음이시죠?』는 이러한 복잡한 문제에 빠져들지 않으면서도 성경을 처음 읽는 분들이 질문할 수 있는, 또 반드시 질문하게 되는 내용에 대해 쉽게 이해할 수 있도록 오늘의 용어와 방법으로 몇 개의 주제를 정하여 마치 어머니가 사랑하는 자녀에게, 아끼고 좋아하는 친구에게 제발 성경을 열린 마음으로 읽어주었으면 하는 사랑을 가득 담아 써낸 성경 안내서입니다.

어느 곳을 가는데 그곳에 대한 간단한 안내를 받는다는 것은 너무나 중요합니다. 안내가 있는 것과 없는 것의 차이는 엄청납니다. 너무 많지 않은 그러나 꼭 필요한 안내를 받게 되면 엄청난 시간과 에너지를 절약할 수 있습니다.

성경도 그렇습니다. 좋은 안내서는 성경의 목적이 무엇이며 거기서 무엇을 깨닫고 이해해야 하는지 내용을 파악하는데 큰 도움을 받을 수 있습니다. 성경을 처음 대하는 분들이 이 정도의 안내와 전(前) 이해를 가지고 성경을 읽는다면, 방황하지 않고 성경의 전체 내용을 정확히 파악하는데 큰 도움을 받게 될 것이라고 생각합니다. 처음 성경을 읽는 인생의 커다란 도전을 한결 수월하게 극복하고 좋은 열매를 맺게 될 것이라고 확신합니다.

정소영 집사님은 이 일을 잘 감당하셨습니다. 미국변호사로서 세계관에 대한 책을 쓰고 강의를 하면서, 많은 분들을 만나고 가르치며 깨닫게 된 노하우를 잘 활용하여 성경을 처음 읽는 분들에게 꼭 맞는 안내의 글을 써주었습니다.

읽다 보면 너무 짧은 것 같지만 더 길어도 부담스러울 것입니다. 짧지만 내용은 결코 가볍지 않은, 신학적으로 균형이 잘 잡힌 성경 안내서입니다. 무례하지 않는 사랑의 권면과 함께, 끝까지 읽어보겠다는 마음에 도전을 주는 힘 있는 책이라고 생각합니다.

성경은 처음이시죠? 그렇다면 성경을 읽기 전에 이 간단한 안내서를

한 번 읽어 보시죠. 성경을 읽어가는데 큰 도움이 될 것입니다.

이미 그리스도인이 된 많은 분들도 성경을 더 알고 싶어서 많은 노력을 하고 있습니다. 손이 아프도록 필사하는 분들도 많습니다. '그러나 내가 읽은 성경에 대해 이 책이 어떤 내용인가?', '나는 그 내용을 믿지 않는 분들에게 설명할 수 있는가?', '내가 성경에 대한 안내를 한다면 어떻게 해줄 것인가?' 이런 질문을 가지면 참 좋겠다고 생각합니다. 그런 분들에게 이 책은 또 하나의 좋은 도전이 될 것입니다.

전문가가 아닌 내 옆에 가까이 있는 믿음의 선배들이 자기들이 그것을 통해 힘을 얻고, 가치의 기준으로 삼는 성경이 어떤 책인지 고백하고 설명하고 변증하는 이런 글이 더 많아지면 좋겠습니다. 이 책이 그런 안내와 도전을 주는 책이 되기를 기도합니다.

황명환 수서교회 담임목사

명쾌하고 쉬운 성경 풀이

사람이 살아가며 누리는 즐거움 가운데 하나는 나와 유사한 생각과 관점을 가진 사람을 만나는 것입니다. 제가 만난 정소영 변호사님은 그런 분입니다.

세상사 복잡한 관계구조를 쉽고 명쾌하고 긍정적인 에너지로 풀어내는 은사가 넘치는 분입니다.

이번에 성경을 이처럼 쉽고 명확하게 풀어주는 책을 내어 주신 것에 깊은 감사를 드립니다.

책에서 짚어 주신 진리들로 다시 한번 삶을 정리하는 기회가 되기를 소망합니다.

박종렬 조이어스교회 담임목사

추천의 글

청소년, 청년, 새신자, 소그룹 모임을 위한
탁월한 성경교육 교재

세인트폴세계관아카데미 대표인 정소영 변호사의 강의와 글은 언제나 간결하고 핵심을 콕 짚어주는 명쾌함이 있습니다. 이 책 『성경은 처음이시죠?』역시, 족집게 과외선생님이 요약해 주는 것처럼 성경 전체를 한 눈에 정리해주는 느낌입니다.

'성경은 어떤 책일까?'로부터 시작하여 성경의 핵심 내용들을 체계적으로 잘 정리해 주고 있을 뿐 아니라, 성경의 이해를 돕기 위한 여러 배경들과 학자들이 깊이 고심해 온 신학적인 문제들까지 쉽고 일목요연하게 요약해 주고 있어 크리스천이라면 반드시 알고 있어야 할 기본적인 생각들을 이 책 한 권으로 정리할 수 있도록 도와줍니다.

새로 성경을 접하는 초신자들에게는 물론 신앙생활을 오래 해오던 분들에게도 성경 전체를 조망하는데 큰 도움을 주는 귀한 책이 될 것입니다.

중고등부, 청년부 등의 신앙 교육과 새신자 양육 교재로 활용하기에 매우 적합하고, 성경 전체를 한 눈에 정리해 보기 원하시는 분들이 소그룹 교재로 사용하면서 한 챕터씩 읽고 나누다 보면 전체의 맥을 잡을 수 있는 훌륭한 성경의 길잡이가 될 것입니다. 성경말씀을 배우시려는 분들과 가르치시려는 분들 모두에게 꼭 필요한 교재가 될 것으로 확신하며 적극 추천합니다.

이광배 (주)어헤드원 대표 · CBMC 중앙회 교육위원

포스트모더니즘 시대에 꼭 필요한 '선포'

- 창조, 타락, 구속의 성경적 세계관

대학생 시절, 포스트모더니즘을 책으로 배웠다. 당시 이미 유럽과 미국에 불어닥친 포스트모더니즘 사조와 이것이 다양한 영역에서 적용되는 현상을 보며 신기했던 기억이 난다. 오랜 시간 절대시 되어온 권위와 구조들이 차례로 해체되고 상대화 되는 가운데, 오히려 개개인의 의견이 절대화되는 흐름을 보며 뭐랄까, 걱정이나 우려보다는 진짜로 그런 시대가 우리에게도 올 것인가 하는 막연한 의심만이 존재했었다.

정확히 30년이 지난 지금, 우리는 정말로 그런 시대를 살고 있다. 대한민국 정치, 경제, 사회, 문화 등은 물론이고 한국교회 신앙과 신학, 목회와 선교 구석구석까지 포스트모더니즘의 힘이 미치지 않는 곳이 없다. 한 사람에 대한 사랑과 존중, 다양성에 대한 인정과 포용 등 겉보기에 꽤 쿨하고 합리적이며 상식적인 외양을 가지고 있지만, 반면 이러한 사조는 'One & Only'라는 절대적 가치를 따르는 기독교 영성의 근간을 흔들어 놓기도 한다.

실제로, 설교자 그리고 선교운동가로서 지금 이 시대 한국교회 목회와 선교 현장을 바라보고 있노라면 참으로 막막함과 안쓰러움을 동시에 느끼게 된다.

이른바 '젊은 세대'라 칭할 수 있는 청소년, 대학·청년, 그리고 젊은 중년이라 불리는 40대들을 보면 더더욱 그렇다. 우리의 생각을 어디에 두어야 할지, 우리의 마음을 어떻게 가누어야 할지 알지 못한 채, '절대적인 기준', '선언적인 명제' 없이 그저 세상 사람들처럼 이리저리

휘둘리는 모습을 본다. 크리스천에게는 엄연히 윤리·도덕적인 기준과 선이 있음을 알지 못한 채 세상 사람들과 다름없이 욕심과 충동, 탐심에 충실한 삶을 사는 모습을 본다. 적잖은 지역교회 목회자들은 그저 성도들이 일주일에 한 번 교회에 출석해 주는 것만으로도 고마워하고 만족하며, 한편으로는 절대적 진리와 윤리·도덕적 가치에 대해 선포하기를 꺼리기도 한다. 바로 그런 면에 있어서 저자 정소영 변호사의 책은 내게 고마움으로 다가온다.

글 속에는 내가 기다리고 있던 바로 '그 필체'가 가득하다. 매우 '선포적'이다. 본문 속에 명확하게 제시된 창조, 타락, 구속의 기독교 세계관도 그렇지만, 성경 속 여러 명제들을 그 자체로 담대하게 선언하며 소개하는 데에 주저함이 없다. 문장 하나하나에 확신이 있고 힘이 있다.

또한, 저자가 평소 철학·역사에 관한 아카데미를 열며 젊은 세대에게 건강한 세계관을 전수하고 있는 흔적들 역시 책 곳곳에 스며들어 있다. 동시대의 논제와 키워드도 놓치지 않는다. 성경 이야기가 지금 여기 우리에게 어떻게 적용되는가에 관해 포스트모던 시대의 여러 이슈와 연계시키고 있다. 나는 이 책을 포스트모던 시대를 살아가는 젊은 세대 즉 청소년, 대학생·청년 크리스천들에게 추천한다. 글을 읽으며 내가 느꼈던 '선언'의 힘을, 젊은 세대 역시 함께 느끼길 바란다.

이다니엘 목사 · IBA 사무총장

성경은 처음이시죠?

First time with the Bible

서문
성경을 소개합니다

우연히 어떤 분으로부터 기독교에 관심이 생겨서 성경을 읽어보고 싶은데 너무 두껍기도 하고 어떻게 시작을 해야 할지 막막하다며 성경에 대해 소개해 놓은 쉬운 책이 없느냐는 이야기를 듣게 되었습니다. 그래서 시작되게 된 것이 이 책을 쓰는 일이었습니다.

이 책의 내용은 전례가 없는 세계적인 코로나 펜데믹 기간동안 교회를 가지 않겠다고 핑계를 대던 아이들에게 매일 10분 정도씩 한 달 동안 제가 가르친 내용을 수정·보완한 것입니다. 바라기는 이 책이 기독교에 관심과 호감은 있지만 발을 들여놓을 엄두를 내지 못하시는 분들, 교회는 다니고 있지만 한번도 진지하게 성경을 읽어 보지 못하신 분들, 아이들에게 성경에 대해 가르치고 싶지만 어떻게 시작해야 할지 몰라서 고민하고 계시는 분들, 그리고 오랫동안 신앙생활을 해왔지만 자신이 믿고 있는 바를 다시 한번 정리해 보고 싶은 분들께 도움이 되었으면 합니다.

성경은 처음이시죠?

감히 조금 더 욕심을 내어 보자면 북한의 우상체제가 무너지고 통일이 되었을 때 북한 땅에 세워지는 모든 교회와 성도들이 성경에 대해 쉽게 배우고 이해할 수 있는 성경공부 교재로 활용하여 주시면 얼마나 좋을까 하는 기대감도 가져봅니다.

부디 이 책을 통해 성경이 말하고 있는 날 것 그대로의 '예수 그리스도의 십자가'와 '부활의 복음'이 독자 여러분들에게도 생생하게 전달되길 진심으로 기도합니다.

정소영

Contents

First time
with the Bible

First time
with the Bible

성경, 우주와 인간에 대한 진짜 이야기

컴퓨터 게임이나 영화에서는 등장인물들이 활동하게 되는 배경이 되는 스토리가 있습니다. 이와 마찬가지로 인간이라는 등장인물들이 이 우주라는 무대에서 살아가는 데에도 대전제가 되는 이야기가 있습니다. 성경은 바로 그 이야기, 하나님이 들려주시는 우주와 인간에 대한 거대한 진짜 이야기 Real Story를 들려주는 책입니다.

이 진짜 이야기의 중심주제가 성경 어디에 나와있냐고 묻는다면 저는 주저없이 창세기 1장부터 3장까지라고 말할 것이고, 그중에서도 핵심이 되는 문장을 하나만 뽑으라면 창세기 1장 1절을 꼽을 것 같습니다.

'태초에 하나님이 천지를 창조하시니라'로 시작되는 이 장엄한 선포는, 모든 것의 제1 원인이자 모든 시작의 주체가 되시는 살아계신 하나님으로부터 우리와 우리가 살고 있는 이 세상이 창조되었으며 인류의 역사는 태초부터 하나님께서 목적과 방향성을 가지고 주도적으로 이끌어가시는 시간인 것을 의미하고 있습니다.

태초에 하나님께서는 당신의 형상을 닮은 사람들과 영원히 함께 살고 싶으셔서 온 우주 만물을 창조하셨고, 사람들에게 아름다운 피조세계를 관리하도록 맡겨주셨습니다. 그러나 사탄의 꾐에 빠진 사람들은 첫 사람 아담 이후로 어느 한 사람의 예외도 없이 자기가 하나님이 되고자 하는 욕망에 사로잡혀서 하나님이 주신 자유의지를 하나님을 배신하는 데 사용해 왔습니다. 그리고 그 대가는 하나님과의 관계가 끊어져버린 것이었습니다.

그 결과로 사람뿐만 아니라 이 세상 모든 피조물들 역시 타락하고 불완전해지고, 왜곡되어서 원래의 선한 목적과 형태에서 벗어나 괴로움과 고통을 유발하는 부조리한 구조와 환경을 이루게 된 것입니다.

이런 절망적인 상황가운데 인간을 구원하는 하나님의 방법이 구원자를 이 세상에 보내주시는 것이었습니다. 이 구원자가 예수님입니다. 창세기 3장 15절은 여자의 후손으로 오실 예수님께서 사탄의 머리를 짓밟아 뭉개어 버리시고 승리하실 것을 예언하고 있는 말씀입니다.

장차 이 세상에 구원자로 오실 예수님께 머리를 짓밟혀 세상에 대한 권력을 잃어버린 사탄과 그를 따르는 악한 무리들이 온 힘을 다해 예수님을 믿는 사람들을 계속 자신들의 영향력 즉 죄의 영향력 아래 두려고 발버둥을 칠 것입니다. 그리고 그런 전쟁같은 상황 속에서 하나님의 사람들은 사탄의 악한 영향력에서 벗어나 다시 하나님께로 돌아가려고 생명을 걸고 싸울 것이라는 것입니다. 그것이 인류 역사의 '진짜' 이야기입니다.

성경의 예언대로 인간의 타락과 실패에도 불구하고, 하나님께서는 직접 그 모든 잘못을 바로 잡으시고, 인간을 구원하시며 관계를 회복

시작하며: 성경, 우주와 인간에 대한 진짜 이야기

시키셔서 다시 영원히 함께 하시겠다는 선하신 뜻과 계획을 세우셨습니다. 그리고 마침내 예수님을 이 땅에 보내셨고 그분의 십자가와 부활을 통해 하나님의 뜻을 온전히 이루셨습니다.

그렇다면 예수님을 믿고 구원을 얻은 크리스천들은 어떻게 살아야 하는 것일까요? 크리스천들은 지상에서 인간의 노력으로는 천국을 이룰 수 없다는 사실을 누구보다 잘 알고 있습니다. 예수님께서 이 세상에 다시 오실 때에야 비로소 천국은 완성될 것입니다.

그럼에도 불구하고 이 세상에서 살아가는 동안, 하나님께서 임명하신 세상의 관리자로서 자기에게 맡겨진 영역에서 하나님의 뜻이 이루어지도록 최선을 다해야 하는 의무가 있습니다.

우리 안에 있는 하나님의 형상이 어떤 것인지를 알고 그것을 회복하여 하나님과 다시 함께하는 삶을 살면서 동시에 이 세상의 모든 피조물들도 창조되었던 본래 모습으로 회복될 수 있도록 노력하는 삶을 살아야 하는 것입니다.

진정한 크리스천은 선하신 창조주 하나님을 신뢰하면서 하나님의 구원방식인 예수님의 십자가의 죽음과 부활의 역사를 믿음으로 받아들이고, 하나님의 뜻대로 순종하는 삶을 살아 갈 것을 의지적으로 결정한 사람들입니다. 항상 하나님께서 나와 함께 계신다는 사실을 의식하면서 하나님 앞에서 부끄럽지 않는 삶을 살아가려고 애쓰는 사람들인 것입니다.

아담과 이브가 따먹었던 선악과는 먹음직스러웠을 뿐 아니라 선과 악에 대한 구별을 가능하게 하는 지혜를 얻을 수 있게 해줄 것처럼 보기에도 좋은 열매였습니다.

성경은 **처음**이시죠?

선악과가 주겠다던 '지혜'를 사랑했던 아담과 이브처럼, 지금의 인류도 지혜를 사랑합니다. 철학이라는 단어는 그리스어 '필로소피아 Philosophia'에서 유래했다고 합니다. '필로Philo'가 '사랑'을 뜻하고 '소피Sophy'가 '지혜'라는 의미이니 '지혜에 대한 사랑', '지식에 대한 추구'가 세상의 철학이라고 할 수 있을 것입니다.

지금까지 사람들은 하나님이 없다는 가정 하에 철학이라는 학문을 통해 세상을 이해할 수 있는 틀을 만들어 내려고 몸부림쳐 왔습니다. 그것이 인류의 지성사입니다. 그러나 철학이 세상에 대한 지식과 지혜를 줄 수 있을지는 몰라도, 이 세상을 초월한 세계에 대한 지식은 줄 수 없으며 더 나아가 인간의 영혼을 구원할 수도 없습니다.

현대를 포스트모더니즘 시대라고 합니다. 마치 각자가 선악과를 따 먹은 아담과 이브처럼 자기가 옳다고 믿는 바에 따라 판단하고 살아가는 것을 찬양하는 시대, 자아가 세상의 중심이 되는 시대, 인간이 '하나님과 같이 되는 시대'가 포스트모더니즘 시대입니다. 그렇다면 이 시대에 삶의 진정한 의미와 생명력을 주는 진짜 이야기는 무엇일까요? 여러분들께서 그 이야기를 성경에서 발견하게 되시길 바랍니다.

《Scholar at his study》
Rembrandt van Rijn, 1634

"

너희가 성경에서 영생을 얻는 줄 생각하고
성경을 상고하거니와
이 성경이 곧 내게 대하여 증언하는 것이로다

요한복음 5장 39절

"

01

성경은 처음이시죠?

성경은 어떤 책일까요?

인류 역사상 최고의 베스트셀러로 알려져 있는 성경은 기독교의 경전으로써 구약 39권, 신약 27권을 합하여 총 66권의 책으로 이루어진 모음집입니다.

기독교인들은 성경을 이 세상을 창조하신 하나님께서 약 40여 명의 사람들을 직접 선택하셨고, 이들에게 신적인 영감을 주셔서 쓰게 하신 책이라고 믿습니다.

성경은 하나님의 관점으로 인류의 역사 속에 드러난 인간을 향한 하나님의 계획이 무엇인지를 밝혀놓고 있는 책이며, 구약Old Testament, 옛 약속과 신약New Testament, 새로운 약속이란 명칭처럼 하나님께서 인류에게 주신 약속을 기록해 놓은 책이기도 합니다.

성경은 기원 전 약 1,500년부터 기원 후 1세기 정도에 이르는 긴 시간 동안 서로 다른 성격과 직업과 배경을 가진 사람들이 다양한 문학 장르와 형식을 통해 하나님의 율법과 규례, 역사 속에 나타난 하나님의 섭리, 그리고 앞으로 일어날 일들에 대한 예언과 그 예언들의 성취 등을 기록하고 있습니다.

성경의 메인 테마는 이 세상을 창조하신 하나님께서 갈대아 우르남부 메소포타미아 지역으로 추정에서 살고 있던 아브라함이라는 한 사람을 선택하셔서 그의 자손을 이스라엘이라는 민족으로 성장시키시는 과정을 소개하는 것입니다.

그리고 이 이스라엘 민족의 역사를 하나의 모범사례로 삼아 세상의 모든 사람들에게 인간은 하나님 앞에 어떤 존재로 지음받았으며, 하나님의 창조 세계 속에서 어떤 원칙과 원리에 따라 살아가야 하는지를 가르쳐주고 있습니다. 무엇보다도 성경은 죄를 지어서 하나님으로부터 멀어진 인간이 예수님이라는 구원자를 통해 다시 하나님께로 돌아갈 수 있다고 말하고 있습니다.

인류의 역사는 예수님의 탄생을 기준으로 BC Before Christ 주님이 오시기 전와 AD Anno Domini 주님의 해로 나뉩니다.

구약성경에는 많은 예언자들이 죄에 빠져 하나님과의 관계가 끊어져버린 이스라엘 백성과 이 세상 모든 사람들을 다시 하나님께로 돌아갈 수 있도록 도와주실 한 사람이 오실 것을 예언하고 있습니다. 이 사람을 히브리어로는 '메시야 Messiah', 그리고 그리스어로는 '그리스도 Christ'라고 부릅니다.

메시야는 하나님께 기름부음을 받은 자, 또는 구원자를 의미합니다. 그러므로 예수 그리스도 Jesus Christ라는 말은 예수님이 바로 인간과 하나님의 관계를 회복시킬 메시야, 구원자라는 의미입니다.

인류의 구원자인 예수님의 탄생이야말로 인류 역사상 가장 중요한 사건이며 인류 역사를 가르는 분기점이라는 사실이 BC와 AD라는 단어 속에 들어있는 것입니다.

신약성경은 하나님의 구원 계획이 예수님의 생애와 죽음을 통해 어떻게 역사 속에서 실제로 이루어지게 되었는지, 그리고 이렇게 시작된 구원의 역사가 예수님을 따르는 제자들을 통해 어떻게 확산되었는지, 그리고 이제 그 구원의 소식을 먼저 듣고 믿음으로 받아들인 후세 사람들은 예수님께서 다시 오실 때까지 어떻게 살아야 하는지를 기록하고 있습니다.

구약성경과 신약성경 사이에는 약 400년이란 시간의 간격이 있는데 이 기간 동안에는 하나님의 말씀에 대한 기록이 없기 때문에 이 시간을 '하나님의 침묵기'라고도 부릅니다. 그러나 이 400년은 인간의 지성사로 볼 때 가장 화려한 시기였습니다. 이때 그리스에서는 서구 문명의 토대가 된 소크라테스, 플라톤, 아리스토텔레스 같은 철학자들의 사상이 꽃을 피웠고, 동양에서도 춘추전국시대의 제자백가와 석가모니의 사상들이 등장한 이후 중국이 통일되면서 동양문명의 수준을 한층 업그레이드시키고 있었습니다.

또한 이 시간동안 알렉산더 대왕의 정복전쟁으로 헬레니즘 문화가 널리 확산되면서 지중해 지역을 넘어 인도에 이르기까지 광범위하게 언어와 문화의 통일과 융합이 이루어졌고, 히브리어에서 그리스어로 번역된 일명 '70인역' 성경이 완성되었습니다. 이후에는 로마제국이 세워지면서 법과 도로망이 발달한 팍스 로마나Pax-Romana, 로마의 평화의 시대가 열렸습니다.

AD 1세기의 초기 기독교 시대에 예수님의 제자들, 특히 사도 바울

등은 로마제국이 깔아 놓은 도로를 이용하여 전도여행을 다니면서 헬레니즘 문화권과 유럽에 이르기까지 기독교의 복음을 전하였다고 하니, '하나님의 침묵기'라고 불리는 기간은 복음의 전파를 위하여 하나님께서 열정적으로 준비하시고 일하셨던 시기였다고 말할 수 있을 것입니다.

이후 유럽은 그리스-로마 문명Hellenism, 헬레니즘과 유대-기독교 문명 Hebraism, 헤브라이즘을 양대 축으로 하여 전세계에서 가장 선진화된 사회로 발전하였습니다. 헬레니즘이 인간의 관점에서 인간과 사회를 이해하고자 했다면, 헤브라이즘은 하나님의 관점에서 인간과 사회에 대해 설명하는 것입니다. 이 두 가지 관점은 2천 년이 넘는 서구의 정신사에서 서로 상호 작용을 하며 오늘날까지 이르고 있습니다.

성경은 정치, 경제, 사회, 문화, 윤리, 철학, 과학 등 삶의 모든 영역에 대한 근본적인 작동원리가 담겨 있는 '창조주의 인생 매뉴얼'이라고 할 수 있습니다. 매뉴얼을 모르고 기계를 움직여보려고 시도하면 기계가 오작동하거나 결국 망가지는 것처럼, 성경을 알지 못하면 개인의 삶 뿐만 아니라 사회 공동체도 제대로 작동할 수 없습니다. 그러므로 성경을 읽고 이해하는 것은 건강하고 지혜로운 삶을 위한 출발점이라고 할 수 있을 것입니다.

지금은 역사를 관통하는 거대한 이야기메타 내러티브가 사라진 시대입니다. 각자가 중요하다고 생각하는 작은 이야기들, 개인의 자기 결정권, 상대주의, 다양성주의, 관용과 포용 등의 원리만으로도 인간사회가 작동하는 데 아무 문제가 없다고 느끼는 시대입니다. 그러므로 필연적으로 인간의 지혜와 지식을 초월하는 창조주의 절대적인 기준과 원리를 말하는 성경과 현대 사회는 긴장과 갈등관계에 있을 수 밖에 없습니다.

그러나 모든 인간에게는 자신의 유한함을 초월하는 그 무엇, 인생에 궁극적인 의미를 줄 수 있는 그 무언가를 갈구하는 마음이 있습니다. 성경은 그런 인간의 갈망의 원인이 무엇인지, 어떻게 하면 그 공허함을 채워주고 의미있는 삶을 살 수 있는지에 대한 진실한 이야기들로 가득 차 있습니다.

이제부터 하나님의 창조에서부터 역사 속에서 일어난 인간의 타락, 그리고 그 결과로 발생한 모든 죄와 악으로부터 궁극적으로 인간을 구원하고자 하시는 '하나님의 계획'이라는 큰 틀에서 성경을 살펴보려 합니다.

성경 속에 들어있는 창조주 하나님과 인간의 이야기, 그 거대한 서사의 세계로 함께 떠나볼까요?

디모데후서 3장 16~17절

16 모든 성경은 하나님의 감동으로 된 것으로 교훈과 책망과 바르게 함과 의로 교육하기에 유익하니

17 이는 하나님의 사람으로 온전케 하며 모든 선한 일을 행하기에 온전케 하려 함이니라

02

하나님은 진짜 계신 걸까요?

태초에 하나님이 천지를 창조하시니라.

In the beginning God created the heavens and the earth.

성경의 첫 문장은 창세기 1장 1절의 이 장엄한 선언으로부터 시작됩니다.

기독교에 관심을 가지고 성경을 읽어보려고 시도하시는 분들에게 성경의 첫번째 문장은 큰 걸림돌이 될 수 있습니다. 왜냐하면 태초라는 시간의 시작점에 하나님이란 인격신이 이미 존재하고 있었고, 그 하나님께서 지금 우리가 살고 있는 온 우주와 지구를 창조하셨다는 것을 너무나 당연한 듯이 말하고 있기 때문입니다.

성경은 하나님께서 세상을 창조하셨다는 선언이 이 세상의 모든 것을 이해하는 데 근본적인 전제라고 당당하게 선포하고 있습니다. 마치 수학에서 더이상 증명이 필요하지 않는 가장 기초적인 명제인 '공리'를 부정하면 '수학'이라는 학문 자체가 성립되지 않는 것처럼, 창세기

1장 1절의 말씀을 거부하고 부정하는 순간 기독교는 사실상 성립 자체가 되지 않습니다.

그러므로 창세기 1장 1절 말씀이 100% 믿어지지는 않는다 하더라도 최소한 일단 한번 믿어보고, 아니면 믿는다 치고 한 걸음 더 깊이 들어가보겠다는 자세를 가진 사람만이 그 다음부터 펼쳐지는 하나님의 위대한 여정에 함께 할 수 있습니다. 기독교가 무엇에 관한 종교인지를 알려면 이 걸림돌을 반드시 뛰어 넘어야 한다는 말입니다.

사람들은 이 세상의 기원, 또는 우주의 제1 원인을 인격적이고 초월적인 절대자로부터 찾거나 아니면 스스로 존재하고 자체적으로 변화하는 성질을 가진 물질에서 찾는 이 두 가지 선택지를 놓고 방황합니다.

이 세상의 기원을 물질에서 찾게 되면 '태초에 물질이 있었느니라'라는 말이 모든 사고의 대전제가 되는 유물론자, 무신론자가 됩니다. 반면, 태초에 자신이 세운 뜻과 계획을 말씀으로 표현하신 인격적이고 전능한 신, 성경의 하나님이 존재한다는 것을 대전제로 삼게 되면 유신론자, 특히 기독교인이 됩니다.

지금까지도 이 두 가지 전제 중 어떤 것이 진짜인지를 놓고 많은 논쟁이 있습니다. 그러나 무신론이든 유신론이든 신의 존재를 증명한다는 것은 유한한 인간의 인지능력으로는 불가능한 '믿음'의 영역입니다. 그럼에도 불구하고 자신의 믿음에 대하여 각자 그럴만한 이유, 또는 더 많은 정황증거들을 가지고 서로 논쟁하고 있습니다.

성경이 하나님의 존재를 증거하는 방식은 실험을 통해 어떤 현상을 파악하고 증명하는 과학과는 달리 다양한 증인과 증거를 확보하여 사건의 실체를 파악하는 수사 방식과 유사합니다.

예를 들어 살인사건을 규명할 때는 현장에 남겨진 혈흔 속의 DNA 또는 살인의 도구였던 칼이나 총에 남겨진 지문을 채취하여 증거로 제시하곤 합니다. 만약 목격자가 있다면 가장 강력한 증거가 되겠지요. 그래서 가능한 다양하고 많은 증거들로 사건을 재구성하여 그 전모를 밝혀냅니다.

미국의 형법에서는 합리적인 의심을 넘어서는 수준Beyond Reasonable Doubt의 증거가 피고의 죄를 입증하고 있다고 판단될 때 유죄판결을 내립니다. 100%까지는 아니더라도 90% 이상 증명됐다고 여겨지면 유죄라고 판단하는 것입니다.

그렇다면 하나님의 존재를 어떻게 증명할 수 있을까요? 왜 기독교인들은 하나님이 오늘도 살아계시고 우리의 삶 속에 깊이 개입하고 계신다고 믿는 것일까요?

학문적으로는 고고학과 역사학을 통하여 성경 속에 기록된 사건들이 실제 역사 속에서 일어났고 성경 속의 많은 예언들 역시 역사 속에서 이미 성취되었다는 사실들이 입증되고 있습니다. 그래서 기독교인들은 성경의 기록들이 역사적 사실로 확인되고 있으니 하나님이 계신 것이 맞다는 방식으로 증명합니다.

그러나 가장 강력한 증거는 성경에 기록되어 있는 수많은 사람들의 경험담입니다. 그들은 실제로 하나님을 경험했고 그분으로부터 소명을 받아 어떤 일들을 했다고 증언하고 있습니다. 아브라함, 모세, 다윗, 그리고 예수님의 제자들과 동시대에 살았던 수많은 사람들은 자신들이 어떻게 하나님을 만났고, 하나님께서 인간의 역사 속에 어떻게 개입하고 섭리하셨는지를 증언하고 있습니다. 심지어 이 증언이 사실임

02 하나님은 진짜 계신 걸까요?

을 입증하기 위해 순교를 당하기도 했습니다.

그런데 이런 일들이 오늘날에도 여전히 일어나고 있습니다. 전세계의 수많은 사람들이 하나님을 만나 인생이 변했다고 고백하고 있습니다. 끊임없는 증인들의 행렬이 이어지고 있다는 사실과 자신의 체험이 기독교인들이 하나님을 믿게 되는 가장 강력한 요인입니다.

인간의 신체에 있는 감각기관은 외부의 자극을 감지하는 범위가 매우 좁습니다. 어떤 소리는 실제로는 나고 있지만 데시벨이 너무 높아서 인간의 귀로는 들을 수 없는 것도 있고, 어떤 사물은 실제로 존재하지만 너무 미세해서 인간의 눈으로는 볼 수 없는 것도 있습니다. 따라서 지금 현재 우리가 눈으로 볼 수 없고 귀로 들을 수 없다고 해서 존재하지 않는 것은 아닙니다.

우리 삶의 모든 경험들은 눈에 보이고 손으로 만져지는 자연 세계를 초월하는 또 다른 세계가 존재하며, 자연적인 세계와 초자연적인 세계 모두를 통치하고 계시는 절대적이고 인격적인 존재가 있다는 것을 암시하고 있습니다.

탈무드에는 랍비에게 하나님을 보여달라고 요구하는 한 남자의 이야기가 나옵니다. 랍비가 그에게 '태양을 한번 똑바로 쳐다보라'고 말하자 그는 눈이 너무 부셔서 똑바로 쳐다볼 수 없다고 말했습니다. 그러자 랍비는 '하나님이 만드신 태양조차도 똑바로 바라볼 능력이 없는 사람이 어떻게 하나님을 볼 수 있겠느냐'고 반문했다고 합니다.

성경을 처음 접하시는 분들에게 태초에 천지를 창조하신 전능하신 하나님이 계시다는 것을 믿으라고 요구하는 것은 참으로 부당한 일처럼 느껴질 수 있습니다. 그러나 일단 그것을 사실로 믿기로 결정하고 마음의 문을 열어보시길 바랍니다. 성경은 구하고, 찾고, 문을 두드리는 모든 사람들에게 하나님께서 그분의 존재를 보여주시고 경험하게 해 주실 것이라고 약속하고 있기 때문입니다.

고린도후서 10장 4~5절

4 우리의 싸우는 병기는 육체에 속한 것이 아니요 오직 하나님 앞에서 견고한 진을 파하는 강력이라

5 모든 이론을 파하며 하나님 아는 것을 대적하여 높아진 것을 다 파하고 모든 생각을 사로잡아 그리스도에게 복종케 하니

히브리서 12장 1절

1 이러므로 우리에게 구름 같이 둘러싼 허다한 증인들이 있으니 모든 무거운 것과 얽매이기 쉬운 죄를 벗어 버리고 인내로써 우리 앞에 당한 경주를 경주하며

03

시간도 창조된 것이라고요?

구약 성경 창세기 1장과 2장은 세상의 기원과 근본적인 구조에 대해 알려주고 있습니다. 그래서 우주와 생명체의 기원을 연구하는 과학자들 사이에서는 창세기의 말씀을 과학적 사실로 받아들일 것인지 아니면 그저 신화나 비유로 받아들여야 하는지에 대한 논란이 많습니다.

그러나 창세기 1장과 2장은 과학자들에게 구체적인 창조의 원리와 과정을 설명하고 이들이 이해할 수 있도록 돕기 위해 쓰여진 것이 아닙니다. 창세기 1장 1절에도 나와 있듯이 하나님께서는 창조에 관하여 인간을 설득하시거나 이해를 도와서 동의를 구하고자 하는 의도가 전혀 없으시기 때문입니다.

그럼에도 불구하고 창세기는 창조주 하나님을 믿고 크리스천이 되고자 하는 사람들이 우주와 생명의 기원을 이해할 수 있을 만큼의 충분한 대답을 내놓고 있습니다.

먼저 창세기 1장 1절은 태초에 천지를 창조하신 창조주 하나님에 대해 분명하게 선포합니다. 하나님은 스스로 존재하시는 분이며 이 세상의 모든 것은 하나님의 말씀으로 창조되었다는 사실말입니다.

그리고 그 이후 6일 간의 창조 과정이 소개되는데 이 부분에서 많은 사람들이 간과하기 쉬운 부분이 바로 '시간'도 창조되었다는 사실입니다. 다시 말해, 시간이라는 개념이 원래는 없었는데 어느 순간 존재하게 됐다는 것입니다.

우리는 이 세상에 태어나는 순간부터 시간의 틀 속에서 생활하고 있기 때문에 시간이 없었던 상태를 상상할 수 없습니다. 시간이 없는 상태를 '영원'이라고 하는데 인간의 상상력으로 영원을 추론하기는 불가능합니다.

영원이라는 개념이 그저 끝없는 시간의 연속인 것인지 아니면 시간이 멈춘 상태로 있는 것인지, 시간이란 과거에서 미래로 직선적으로 나아가는 것인지 아니면 돌고 도는 것인지, 과거와 현재 그리고 미래가 동시에 존재할 수 있는 것인지 등 시간의 본질에 대해 이해해보려는 노력들은 많지만 어느 누구도 정확하게 설명해줄 수는 없습니다.

더구나 시간이 저절로 생겼고 항상 존재해왔다고만 생각하는 사람들은 시간의 틀에 갇히지 않고 초월하여 존재하시는 하나님의 존재를 믿기가 어렵고 물질이 아닌 시간조차도 하나님께서 창조하셨다는 사실을 이해하기는 더더욱 쉽지 않습니다.

크리스천들 사이에서도 창세기 1장과 2장에 있는 '날'이란 단어를 문자 그대로 하루 24시간으로 해석하시는 분들도 있고 다른 방식으로 해석하시는 분들도 있습니다. 이런 의견들에 대해서는 과학자들이 앞으로 더 많은 연구를 통해 밝혀낼 수 있기를 기대하며 기다리는 마음을 가져도 괜찮다고 생각합니다.

다만 기독교에 관심을 가지고 입문해 보고자하는 사람이라면 일단 열린 마음으로 하나님이 시간과 공간 그리고 생명을 창조하셨다는 사실에 집중하고, 그 사실을 믿음으로 받아들이면 충분할 것 같습니다.

성경은 우리가 살아가고 있는 시간이 직선적으로 과거와 현재를 지나 미래를 향해 나아가고 있다고 말합니다. 다시 말해 윤회하지 않는다는 것입니다.

예수님의 제자 베드로는 '하나님께는 천 년이 하루와도 같고 하루가 천 년과도 같다^{베드로후서 3장 8절}'라고 고백했습니다. 이 말의 의미를 정확히 이해할 수 있는 사람은 없겠지만 하나님께서는 인간처럼 과거, 현재, 미래 또는 날, 해, 연수와 같은 시간의 개념에 제한을 받지 않으시고 시간을 초월하여 계시는 것만은 확실합니다. 그래서 우리의 모든 시간은 하나님 앞에서는 항상 동시적이고 현재적일 것입니다.

하나님은 인간의 역사에 시작과 끝이라는 시간을 부여하시고, 스스로를 '알파^{처음}요 오메가^끝'라고 말씀하셨습니다. 세상에 처음이라는 시간을 창조하신 하나님께서 종말의 때 즉 오메가의 때 역시 준비해 놓으셨다는 뜻입니다.

그 때 즉 마지막 때가 되면 우리 모두는 하나님의 심판대 앞에 서서 우리가 살아온 인생에 대해 평가를 받게 될 것이고, 평가의 결과에 따라 가는 길이 달라질 것입니다. 우리가 지금 현재의 시간을 어떻게 사용하는가는 우리의 영원을 결정합니다. 그래서 성경의 지혜자들은 모두 하나님께 우리의 날을 계수하는 법 즉 날을 잘 세는 법을 가르쳐달라고 했고, 시간을 기억하는 지혜를 가지게 해달라고 기도하였습니다.

가끔 사람들이 천국에서 영원히 사는 것은 얼마나 지겨울까 하는 농

담을 할 때가 있습니다. 그러나 천국에서 보내는 영원의 시간 속에서 지겨움은 느낄 수 없을 것입니다.

하나님은 어제나 오늘이나 영원토록 계시고 영원토록 동일하시지만 우리를 지겹게 만들지 않으시고 늘 새로운 기쁨과 의미를 느끼고 누릴 수 있게 하실 수 있을만큼 사랑과 능력이 넘치는 분이시기 때문입니다.

창세기 1장 14~19절

14 하나님이 가라사대 하늘의 궁창에 광명이 있어 주야를 나뉘게 하라 또 그 광명으로 하여 징조와 사시와 일자와 연한이 이루라

15 또 그 광명이 하늘의 궁창에 있어 땅에 비취라 하시고 (그대로 되니라)

16 하나님이 두 큰 광명을 만드사 큰 광명으로 낮을 주관하게 하시고 작은 광명으로 밤을 주관하게 하시며 또 별들을 만드시고

17 하나님이 그것들을 하늘의 궁창에 두어 땅에 비취게 하시며

18 주야를 주관하게 하시며 빛과 어두움을 나뉘게 하시니라 하나님의 보시기에 좋았더라

19 저녁이 되며 아침이 되니 이는 네째 날이니라

04

창조일까요, 진화일까요?

우주가 형성되고 세상에 생명이 존재하게 된 일은 너무도 경이로운 일입니다. 그래서 사람들은 아주 오랜 옛날부터 생명의 기원을 알고 싶어했고 이에 대해 다양한 상상을 해 왔습니다. 그러다 찰스 다윈이 1859년에 『종의 기원』이라는 책을 통해 진화론을 발표하자 많은 사람들은 드디어 생명의 기원에 대한 해답을 찾았다며 환호했습니다.

그런데 성경은 다윈의 주장과 달리 우주 만물과 인간을 창조주 하나님께서 창조하셨다고 선언하고 있습니다. 창세기에는 하나님께서 빛이 있으라고 말씀하시면서 창조의 역사를 시작하신 후 셋째날에 풀과 각종 씨 맺는 채소와 열매 맺는 나무들을 만드셨고 다섯째날에 물에서 사는 생명체와 날개 달린 짐승들을, 그리고 마지막 날인 여섯째날에는 모든 육지 생물과 인간을 창조하셨다고 기록되어 있습니다. 그리고 그 모든 생명체들이 보시기에 참 좋으셨다며 흐뭇해하시는 하나님의 마음이 잘 표현되어 있습니다.

생명의 기원과 다양성에 관한 두 가지 가설인 '창조론'과 '진화론'

은 오늘날에도 과학계에서 끊임없이 논쟁되고 있는 부분입니다.

과학이란 원래 가설이 세워지면 실험을 통해 그 가설을 검증하고 동일한 조건 하에서 동일한 결과를 반복적으로 얻었을 때, 객관적인 법칙으로 인정하는 학문입니다. 그러나 생명의 기원과 분화에 대한 가설은 실험을 통해 검증할 수 있는 것이 아닙니다. 그러므로 사람들은 지금까지 나타난 여러가지 정황증거를 종합하여 가장 그럴듯하고 설득력이 있다고 믿을 수 있는 가설로 마음이 쏠리곤 했습니다.

성경은 생명의 기원에 대해 '하나님께서 창조하셨다'라는 지극히 간단한 서술을 하고 있지만, 성경의 창조 이야기에는 우리가 반드시 알아야 할 내용과 헷갈려서는 안되는 내용을 기록하고 있습니다. 그 중 하나가 창세기에서 계속 반복해서 나오는 '그 종류대로 지으시고 According to its kind'라는 말입니다.

성경이 어떤 단어나 문구 또는 문장을 여러 번 반복해서 기술하는 경우는 이것이 매우 중요하다는 뜻이고, 또 확실한 것이라는 의미입니다. 논쟁의 여지를 남겨두지 않겠다는 하나님의 의도가 엿보이는 부분입니다.

성경은 하나님께서 모든 생물을 하나님의 의도와 목적에 맞게 설계하여 각각 그 종류대로 구별되게 창조하셨다고 말씀하십니다. 그러므로 '종류' 간에 혹은 '종Species' 간의 진화란 있을 수 없습니다. 성경은 이미 창조된 종 내에서 다양한 변이가 발생할 수 있다는 '소진화'에 대해서는 별다른 언급을 하고 있지 않지만, 어떤 한 종이 완전히 다른 종으로 진화했다는 '대진화'에 대해서는 확실히 아니라고 선을 긋고 있는 것입니다.

그런데 찰스 다윈을 따르는 진화론자들은 생명체가 공통의 조상으로부터 다양한 종들로 분화되었다는 '종간 진화' 또는 '대진화'를 주장하기 때문에 창조론과 진화론이 갈등을 겪고 있습니다.

예를 들면 '개Dog'라는 종은 아무리 오랜 시간이 지나고 야생성이 강해져도 '하이에나'가 될 수 없습니다. 그러나 '개'라는 종의 내부에서는 유전자 조합에 따라 '푸들', '진돗개', '불독' 등 변이가 발생하여 얼마든지 다양하고 풍성한 유전적 개성이 나타나는 개들이 많이 나타날 수 있습니다. 마찬가지로 원숭이라는 종은 아무리 오랜시간 동안 진화를 해도 다양한 종류의 원숭이는 될 수 있을지언정, 인간이라는 별개의 종인 호모사피엔스로 진화될 수는 없다는 것이 성경적 창조론의 입장입니다.

창조론을 믿는 과학자들은 너무도 정교하게 설계된 것 같은 생명체를 보면 반드시 인간을 초월하는 지성과 인격을 가진 존재, 즉 지적 설계자가 있고 그 지적 설계자에 의해 이 모든 창조가 이루어졌다고 생각합니다. 설령 그 설계자가 기독교의 하나님은 아니라고 해도 말입니다.

반면에 진화론을 믿는 과학자들은 기독교의 하나님이든 아니면 다른 지적 설계자이든 태초에 창조를 시작한 지적인 존재는 없고, 그저 우연히 생명의 기원이 될만한 물질이 나타났으며 이 물질이 긴 시간 동안 진화의 과정을 거치면서 자연선택에 의한 적자생존의 법칙에 따라 오늘날과 같은 다양한 형태를 가진 생명체들을 분화시켰다고 설명합니다. 현재 지구상에 나타난 모든 생명체들은 환경에 가장 잘 적응하여 살아남은 것들이라는 것입니다.

하지만 21세기 현대 과학은 고전적 진화론의 증거라 여겨졌던 것들이 이미 그 유용성을 많이 잃었다고 보고 있습니다. 왜냐하면 지금까지 대진화의 증거, 즉 종간의 점진적 진화의 증거는 발견되지 않았고 진화론자들이 진화의 증거라고 내세운 것들이 사실은 종 내에서 이루어진 소진화의 일종이거나 순환적 변이^{특정한 환경변화로 인해 변이가 발생했다가 원래의 환경이 회복되면 다시 원상태로 돌아가는 것}에 불과하다는 것이 밝혀졌기 때문입니다. 또한 돌연변이의 경우에도 주로 열성유전자의 특성이 나타나기 때문에 진화되는 것이 아니라 오히려 퇴보되다가 사라지는 것들이 대부분이라는 것입니다.

많은 육종학자들도 종자 개량을 통하여 더 큰 옥수수, 더 많은 씨앗을 맺는 벼 등을 개발하였지만 고유한 종의 특성을 지키려는 생명체의 성질이 너무도 강하기 때문에, 아무리 개량을 해도 더 이상은 넘을 수 없는 어떤 한계가 분명히 있는 것 같다고 한결같이 말하고 있습니다.

또한 생명체가 기능을 제대로 하려면 모든 세포들이 정확하게 위치해야 할 곳에 있어야 하고, 주어진 역할을 동시에 수행해야 합니다. 이를 '환원불가능한 복잡성'이라고 표현합니다. 만약 '인간의 눈'이 아주 오랜 시간동안 진화의 과정에 따라 시신경이 먼저 발달하고, 수정체가 조금씩 생긴 후에 홍체가 생겨서 오늘날과 같은 완전한 눈으로 작동할 수 있었다고 한다면, 인간은 제대로 된 눈을 가지고 세상을 보기 전에 눈 먼 존재로 멸종해 버렸을 가능성이 더 높습니다.

최근에 이루어지고 있는 생화학, 분자 생물학, 정보이론에 대한 연구들은 점점 더 지적인 설계자에 의한 창조론을 지지하는 방향으로 나아가고 있는 듯 합니다. 전자현미경이나 컴퓨터의 발명으로 과거에는

04 창조일까요, 진화일까요?

알 수 없었던 생명체의 지극히 미세한 부분까지 더 잘 알 수 있고 더 정확하게 분석할 수 있게 되었기 때문입니다. 그러므로 상대적으로 과학이 덜 발전했던 시대에 제안되었던 진화론은 다시 재검토가 필요하게 되었습니다.

그럼에도 불구하고 여전히 사람들은 사소한 변이의 증거에 집착하며 진화론에 매달리거나 '진화'라는 단어의 정의를 모호하게 하거나 확장시킴으로써 진화론을 정당화시키려고 애쓰고 있습니다. 왜냐하면 진화론은 이미 과학이 아니라 신념이고 신앙이며 세계관이기 때문입니다.

진화론이 이미 검증된 객관적인 과학이라는 믿음에서 벗어나 마음을 열고 주변을 둘러보십시오. 들꽃 한 송이에 나타난 아름다움, 개미들의 놀라운 협업의 현장, 그리고 거대한 고래들의 멋진 모습에서 창조주 하나님의 특별한 설계와 목적을 발견할 수 있지 않습니까?

그리고 무엇보다도 자기 자신을 한번 잘 살펴보십시오. 나라는 존재 자체가 특별한 목적과 의도 그리고 기대를 가득 담은 하나님의 창조를 증언하는 살아있는 증거가 아닐까요?

창세기 1장 20~25절

20 하나님이 가라사대 물들은 생물로 번성케 하라 땅위 하늘의 궁창에는 새가 날으라 하시고

21 하나님이 큰 물고기와 물에서 번성하여 움직이는 모든 생물을 그 종류대로, 날개 있는 모든 새를 그 종류대로 창조하시니 하나님의 보시기에 좋았더라

22 하나님이 그들에게 복을 주어 가라사대 생육하고 번성하여 여러 바다 물에 충만

하라 새들도 땅에 번성하라 하시니라

23 저녁이 되며 아침이 되니 이는 다섯째 날이니라

24 하나님이 가라사대 땅은 생물을 그 종류대로 내되 육축과 기는 것과 땅의 짐승

을 종류대로 내라 하시고 (그대로 되니라)

25 하나님이 땅의 짐승을 그 종류대로, 육축을 그 종류대로, 땅에 기는 모든 것을

그 종류대로 만드시니 하나님의 보시기에 좋았더라

04 창조일까요, 진화일까요?

〈Old Woman Reading〉
Rembrandt van Rijn, 1631

05

사람은 어떤 존재일까요?

성경속 창조 이야기의 하이라이트는 바로 사람을 창조하신 일입니다. 성경은 말씀으로 우주 만물을 창조하신 하나님께서 여섯째날 마지막으로 사람을 창조하셨다고 합니다.

다른 생명체와는 달리 사람만큼은 하나님께서 직접 흙으로 빚으시고 코에 생기를 불어넣어 주셨다고 기록하고 있습니다. 사람의 코에 불어넣으신 하나님의 생기가 바로 영혼이며 이것이 사람과 동물을 결정적으로 구별짓는 차이점이라고 할 수 있을 것입니다.

특히 하나님은 사람을 자신의 형상으로, 자신을 닮은 존재로 창조하시면서 온 우주의 모든 생명체들 가운데 가장 고귀하고 특별한 존재인 '하나님의 자녀'라고 하셨습니다. 그리고 사람에게 하나님이 창조하신 모든 세상을 관리하고 다스릴 '대리권'을 부여하셨다고 성경은 말합니다. 그렇다면 사람이 하나님을 닮았다는 것 즉 하나님의 형상, 하나님의 자녀로 창조되었다는 말은 무슨 뜻일까요?

이 말을 이해하기 위해서 부모와 자녀와의 관계를 생각해 보면 좋을 것 같습니다. 부모와 자녀는 서로 다른 인격체이지만 유전자를 통해 부모의 성품과 능력의 일부가 자녀에게로 전해져서 나타나게 됩니다.

이와 같이 하나님의 형상으로 창조된 사람은 하나님과는 전혀 다른 존재이지만 하나님의 자녀로서 하나님의 성품과 능력의 일부를 부여받은 존재입니다. 그렇다면 하나님의 성품과 능력 중 인간에게서 발견되는 것은 어떤 것들이 있을까요?

우선 하나님은 영이신 동시에 인격적인 존재이기에 사람도 영적으로나 인격적으로 하나님과 소통할 수 있습니다. 사람만이 유일하게 하나님께 기도하고 그분의 응답과 인도하심을 받을 수 있는 존재라는 말입니다.

또한 하나님은 사랑과 공의라는 성품을 가진 분이므로 하나님을 닮은 사람 역시 진실한 사랑을 할 수 있고, 양심에 따라 정의를 분별할 수 있습니다.

하나님은 사람에게 놀라운 지적 능력도 주셔서 무언가를 상상하고 창조할 수 있게 해주셨습니다. 지금까지 사람들이 머릿속으로 생각해 낸 거의 모든 것들이 만들어지고 현실화되는 모습을 보면 놀랍기도 하고 심지어 두려울 때도 있습니다.

그러나 대부분의 사람들은 하나님이 인간을 특별하게 창조하셨다는 성경의 설명을 그저 기분 좋은 상상으로 치부해버립니다. 마치 사람들이 그리스 신화 속 신들을 상상해 내고 그들에 대한 이야기를 지어내었듯이, 사람들이 인간을 닮은 하나님에 대한 이야기를 만들어낸 것이라고 말입니다.

그런데 만약 성경의 하나님이 인간의 상상력으로 만들어진 존재라면, 인간보다 필히 작은 존재여야 하고 인간이 상상할 수 있는 수준의 존재여야 합니다. 세상의 많은 신화들에는 이미 인간이 상상할 수 있는 수준의 신들, 심지어 인간보다 못한 신들이 너무도 많습니다.

하지만 성경의 하나님은 인간의 생각과 상상을 초월하시는 분입니다. 그 수준 차이가 가장 확실하게 나타나는 지점이 바로 예수 그리스도의 십자가입니다.

만약 하나님이 사람들이 상상해 낸 신이라면 그는 인간을 구원하기 위해 십자가라는 가장 처참하고 무기력한 방식을 택하지 않았을 것입니다. 아마도 크고 놀라운 능력으로 사람들에게 호통을 치며 나타나 그들을 굴복시켰거나, 사람들의 눈 앞에 하늘의 천사들을 동원해 장엄한 광경을 보여주며 '내가 너희를 구원할 신이다'라고 말했을 것입니다. 인간적으로 생각해볼 때는 그런 방식이 훨씬 극적이고 효과적이고 멋진 것이기 때문입니다.

그러나 하나님은 약 2천 년 전, 이스라엘 땅 베들레헴이란 곳의 초라한 마구간에 예수님을 보내셨습니다. 예수님은 갈릴리 작은 시골 마을 나사렛에서 대부분의 생애를 보내시다 죽기 직전 3년 동안 세상에서 가장 천대받고, 버림받은 불쌍한 사람들에게 죄사함과 천국의 복음을 전하시고 33세라는 젊은 나이에 로마 제국의 극형 중 하나인 십자가에 매달려 돌아가셨습니다.

만약 예수님의 부활이 없었다면, 그 사건은 거기서 끝이 났을 것이고 세상은 아무도 그를 기억하지 못했을 것입니다. 그런데 하나님께서 예수님으로 하여금 십자가 상에서 세상 모든 사람들의 죗값을 대신 치르게 하시고 부활시키심으로 구원의 대반전을 일으키셨던 것입니다.

그 이후로 지금까지도 하나님은 신적인 능력을 과시함으로써가 아니라 한 사람 한 사람을 설득해야 하는 지극히 어리석고 무능한 전도라는 방식으로 온 세상에 구원의 기쁜 소식, 복음을 전하고 계십니다.

유대인들은 오랜 세월 그들의 구원자를 기대하며 기다리고 있습니다. 이를 '메시야 대망 사상'이라고 합니다. 그러나 온 세상의 메시야로 오신 예수 그리스도는 지금도 유대인들에게는 메시야로 인정받지 못하고 있습니다. 예수님께서 세상이 요구하고 기대하는 방식, 인간의 마음에 매혹적으로 다가올 만한 능력으로 자신들을 구원하러 오시지 않았기 때문입니다.

여기에 구원의 신비가 있습니다. 그리고 이 구원의 신비는 오직 믿음으로 하나님의 구원 방식을 받아들이는 사람에게만 삶을 변화시키는 힘으로 작동합니다.

우리의 상상력을 초월하시는 하나님께서는 우리 한 사람 한 사람을 그분을 닮은 존귀한 존재로 창조하시고 하나님의 뜻과 소망과 기대를 담아 이 땅에 보내셨습니다. 인간이 스스로를 존엄하다고 주장할 수 있는 근거는 오직 창조주 하나님께서 세상의 다른 어떤 피조물에게도 주시지 않았던 그분의 형상을 부여하셨기 때문입니다. 그러므로 이 세상 모든 사람들은 하나님의 형상으로 태어나 그 누구도 빼앗을 수 없는 하나님이 부여하신 권리인 천부인권을 가진 존재입니다.

성경은 우리가 그저 물질에서 시작되어 원숭이로 진화되었고 그 이후 우연히 더 고등하게 진화된 존재가 아니라, 창조주 하나님의 자녀라고 합니다. 정말 우리의 상상을 초월하는 말씀이지 않습니까?

05 사람은 어떤 존재일까요?

창세기 1장 26~27절

26 하나님이 가라사대 우리의 형상을 따라 우리의 모양대로 우리가 사람을 만들고

그로 바다의 고기와 공중의 새와 육축과 온 땅과 땅에 기는 모든 것을 다스리게

하자 하시고

27 하나님이 자기 형상 곧 하나님의 형상대로 사람을 창조하시되 남자와 여자를 창

조하시고

06

사람은 어떻게 살아야 할까요?

하나님께서는 사람을 창조하시고 난 후, 그에게 삶의 목적을 주셨습니다. 사람도 무언가를 만들 때 아무런 목적도, 의미도 없이 만들지는 않습니다. 하물며 창조주 하나님께서 이렇게 멋지고 광대한 세상을 만드시면서 아무런 계획도 목적도 없이 만드셨겠습니까? 이 세상에 존재하는 모든 것은 존재하는 이유가 반드시 있기 마련입니다. 그렇다면 사람의 삶의 목적, 우리가 존재하는 이유는 무엇일까요?

성경은 하나님께서 당신의 형상으로 창조된 인간에게 하나님의 대리인으로서 땅 위에서 번성하고, 땅을 정복하고, 모든 생명체를 다스리는 임무를 부여하셨다고 기록하고 있습니다. 이것을 '문화명령'이라고도 하고 '청지기관리자의 사명'이라고도 합니다.

'문화명령'이란 인류에게 사회와 문명을 건설하고 자연을 유지·발전시키라는 하나님의 명령이 주어졌다는 의미이고, '청지기 사명'이란 이 세상 모든 만물이 하나님의 것이지만 마치 내 것인 것처럼 소중하게 잘 관리하여 더욱 풍성하고 아름답게 발전시켜서 진짜 주인이신 하나님을 기쁘시게 하고 그분께 칭찬받는 관리자로서의 삶을 살아야 한다는 뜻입니다. 그리고 그 일을 충분히 잘 해낼 수 있도록 하나님께서는 모든 사람들에게 각자에게 맞는 탤런트, 즉 재능을 주셨습니다.

그런데 이 일을 해내기 위해서는 먼저 하나님과 사람이 사랑과 믿음의 관계로 맺어져 있다는 전제가 있어야 합니다. 하나님의 성품 속에 사랑이 없으셨다면 애초에 인간을 창조하지도 않으셨을테고, 인간에 대한 믿음과 기대가 없으셨다면 인간에게 이 멋진 세상을 맡기지도 않으셨을 것이기 때문입니다.

하나님과 사랑으로 맺어진 관계라는 인식이 없다면 인간은 이 땅을 관리하는 일을 무거운 의무와 부담으로 여겨 보람과 기쁨을 느끼지 못할 것입니다. 그저 하나님께서 시키시니 마지못해 하는 일이 되어 궁극적으로 내 것이 아닌 일에 기꺼이 자기 자신을 내어 놓을 수 없을 것입니다.

하나님을 사랑하기 때문에 나를 향한 그분의 뜻을 이루어드리며 그분의 기대에 부응하고 싶고, 하나님을 신뢰하기 때문에 나에게 맡겨주신 모든 일들을 통해 그분께서 나의 인생을 최선의 길로 인도하실 것이라는 믿음과 소망으로 살아갈 수 있는 것입니다.

그러므로 성경에 나오는 문화명령 또는 청지기의 사명은 권위주의적인 하나님께서 인간에게 일방적으로 명령을 내려 일을 시키시려는 것이 아닙니다. 오히려 천지창조의 시작점에서부터 하나님과 사람은 믿음, 소망, 사랑의 관계로 영원히 함께 살아가도록 창조되었고 그 무한한 믿음, 소망, 사랑을 표현하는 방식으로 우리에게 주신 임무라고 이해해야 할 것입니다.

하나님은 사랑하는 자녀들이 이 땅에 많이 태어나길 바라십니다. 그

성경은 처음이시죠?

래서 '생육하고 번성하고 땅에 충만하라'는 축복을 주셨습니다. 너무도 다양한 모습과 재능을 가진 아름다운 하나님의 자녀들이 세상 구석 구석에까지 손길을 뻗어서 하나님께서 만드신 세상을 잘 보살피고 다스리는 것을 보는 것은 하나님께 얼마나 큰 기쁨이 되겠습니까?

그러므로 모든 사람들은 자기에게 주어진 조건과 환경, 그리고 능력과 재능을 최대로 발휘하여 사회를 발전시키고, 문명을 이룩하고 자연을 보살펴야 합니다. 그러한 돌봄이 이 땅에서 인간에게 주어진 사명인 것입니다.

이 사명은 다양한 직업들을 통해서 이루어질 수 있습니다. 어떤 이는 공학을 통해, 어떤 이는 의학을 통해, 또 어떤 이는 예술을 통해 자신의 재능을 발휘하여 하나님께서 창조하신 것들 위에 인간의 창의력을 덧붙여 새로운 것들을 만들어 내고, 이 세계를 더 근사하게 가꾸어 나가야 합니다.

여기에는 눈에 보이는 어떤 것 뿐만 아니라 사회 제도적인 측면에서도 하나님의 질서에 부합하면서 사회 공동체가 번영할 수 있는 지혜를 모아야 하는 일도 포함되어 있습니다.

이러한 일들은 태초의 인간인 아담과 이브가 에덴동산에 있을 때부터 시작되었습니다. 아담은 하나님께서 데려오는 동물들에게 이름을 붙여주면서 세상의 관리자로서 첫 발을 내딛었습니다. 그런데 즐겁고 의미가 있어야 할 일이 인간에게 부담이 되고 저주가 된 것은 아담과 이브가 하나님의 명령을 어기고 선악과를 따먹고 난 이후부터입니다.

아담과 이브는 하나님의 명령을 어기고 하나님께서 금지하신 일을 했습니다. 그 반역으로 인해 죄의 역사가 시작되었습니다. 그래서 사

06 사람은 어떻게 살아야 할까요?

람만이 아니라 자연도 함께 저주를 받아서, 인간이 아무리 열심히 관리하고 보살펴도 기대한 만큼 보람도 결실도 얻지 못하는 현재의 상태에 이르게 되었다는 것입니다.

그렇다면 이제 예수 그리스도를 믿음으로 하나님으로부터 죄를 용서받고 하나님의 자녀로 그 신분이 회복된 사람들은 하나님의 문화명령에 대해 어떻게 반응해야 할까요?

다시 하나님과 사랑의 관계가 회복된 사람들은 하나님의 원래 의도대로 '일'을 축복으로 받아들이고 최선을 다해 일의 본래 의미를 회복시킬 수 있도록 노력해야 할 것입니다. 그럴 때 자연도 원래의 모습으로 회복될 것이며 이를 경험하게 되는 다른 사람들도 '일'이 저주가 아니라 소명이며 축복임을 깨닫게 될 것입니다.

요즘 세계적으로 극단적 환경론자들이 인간이라는 존재에 대해 매우 적대적인 반응을 보이는 것이 유행처럼 번지고 있습니다. 이들은 진화론적 관점에서 다른 동물들보다 하등 나을 것이 없는 인간들이 '생명체들을 다스리고 정복하라'는 하나님의 말씀을 빌미로 이기심과 탐욕을 채우기 위해 자연을 망쳐서 온갖 환경적 재앙이 왔다고 생각합니다. 그러니 모든 문명을 폐기하고 자연으로 돌아가자고 주장하기도 합니다. 심지어 인간이 이 땅에서 생육하고 번성하는 그 자체가 자연과 양립할 수 없는 재앙의 근원이라고도 말합니다.

그러나 자연을 회복시키는 일과 인류의 번영은 대립하는 일이 아니고, 생태계를 보호하는 일이 곧 문명파괴와 야만으로의 회귀를 의미하는 것이 아닙니다. 정말 그들이 원하듯이 자연이 본래의 모습을 회복하려면 인간이 하나님의 '문화명령'을 제대로 이해하고 바르게 실천하

성경은 처음이시죠?

는 것이 유일한 해결책이 될 것입니다.

창세기 1장 28절

28 하나님이 그들에게 복을 주시며 그들에게 이르시되 생육하고 번성하여 땅에 충

만하라, 땅을 정복하라, 바다의 고기와 공중의 새와 땅에 움직이는 모든 생물을

다스리라 하시니라

07

사람들은 왜 하나님을 알지 못할까요?

지금까지 하나님이 어떤 분이신지, 인류를 향해 어떤 계획을 가지고 계시는지, 그리고 어떻게 그 계획을 이루어 가시는지에 대한 이야기를 나누어 보았습니다.

이 모든 것이 성경에 잘 기록되어 있고, 성경의 모든 예언들이 역사적으로 이루어졌다는 많은 증거가 있음에도 불구하고 왜 사람들은 하나님을 믿지 않는 걸까요? 왜 사람들은 하나님이 아닌 다른 신들을 찾고 믿으며 살아갈까요?

신약성경에 나오는 위대한 전도자인 사도 바울은 온 우주의 운행법칙과 자연의 생명체들을 잘 살펴보면 누구든지 하나님께서 계신 것과 하나님이 어떤 분이라는 것을 알 수 있다고 이야기합니다. 왜냐하면 하나님께서는 숨어계시는 분이 아니라 자신을 생생하게 보여주고 싶어하시는 분이기 때문입니다.

우주의 별들은 한치의 오차도 없이 운행되고, 계절은 늘 같은 패턴으로 변화하고 있습니다. 현대 과학으로 알 수 있는 수준에서 지구는 유일하게 생명체가 살 수 있게 최적화된 행성이며 이곳에서 모든 생명체들이 각각 그 종류대로 다양하게 번성하고 있습니다. 지구의 자전축은 23.5도인데 이 각도가 아주 약간만 비틀어져도 대기의 순환과 해양 조류의 흐름이 달라져서 지구는 지금과 같이 생명체로 가득 찬 별이 될 수 없었을 것이라고 합니다.

또한 주변에서 날아다니는 벌 한 마리를 관찰해 보아도 창조자의 설계와 디자인을 발견할 수 있습니다. 벌이 이동 없이 하늘에 떠 있기 위해서는 1초에 날개를 수천 번 움직여야 하는데 그렇게 하기 위해 필요한 에너지를 그 작은 몸속 어디에 어떻게 저장해두고 있는지 놀랍기만 합니다.

많은 과학자들이 자연 세계를 깊이 연구하면 할수록 자연의 정교함과 다양함에 경외감과 신비감을 느끼며 하나님의 존재를 인정할 수 밖에 없다는 고백을 한다고 합니다. 이렇게 편견을 버리고 눈을 들어 주변을 둘러 보기만 해도 모든 것에서 창조주의 손길을 발견할 수 있습니다.

무엇보다 인류에게 있어 하나님의 나타나심의 절정은 예수 그리스도입니다. 하나님의 아들이신 예수님께서 친히 인간이 되어 이 세상에 직접 나타나셔서 세상 사람들에게 하나님의 나라에 대해 가르치기도 하시고, 수많은 기적도 보여주시고, 마지막에는 십자가와 부활을 통해 영원한 하나님 나라에서 살 수 있도록 길을 열어주셨기 때문입니다. 예수 그리스도의 삶과 죽음과 부활은 인류의 역사 속에 하나님께서 가장 직접적으로 개입하신 역사적 사건이며 하나님의 능력과 신성을 가장 생생하게 보여주신 사건입니다.

이렇게 다양한 방식으로 하나님께서는 사람들에게 그분의 존재와 뜻을 보여주시는데 사람들은 왜 하나님을 알지도, 깨닫지도, 믿지도 못하는 것일까요? 그에 대한 해답을 사도 바울은 로마서 1장 18절에서 다음과 같이 설명합니다.

사람들이 그들의 악함으로 인해 일부러 의도적으로 하나님의 진리를 억누르고 막고 있으면서도 스스로를 지혜롭게 여기며 하나님을 배척한다는 것입니다. 이런 사람들은 자신들의 내면 깊은 곳에서는 하나님에 대해 알고 있지만 그들의 생각은 헛되고 그들의 마음은 어리석음으로 어두워져 있기 때문에 하나님께 영광을 돌리지도 않고, 감사하지도 않는다고 말입니다.

또한 이들은 하나님에 대한 진리를 가로 막고 그 대신 피조물을 하나님인 것처럼 속여서 그것들을 숭배하기도 합니다. 그들은 영원하신 하나님의 영광을 사람이나 짐승과 같은 피조물의 이미지로 대체시켜 우상을 만들고 숭배합니다. 이러한 사람들에 대한 하나님의 반응은 그들을 자기들의 부끄러운 욕심과 정욕에 그냥 내버려두시는 것입니다.

우상 숭배는 '나 외에 다른 신을 네게 두지 말라'는 십계명의 제1계명과 '너를 위하여 우상을 만들지 말라'는 제2계명을 직접적으로 어긴 것입니다. 이것은 오직 하나님만을 사랑하기로 한 언약을 깨는 영적 간음행위인 것입니다.

우상숭배라는 영적인 간음을 저지른 사람들은 육체적으로도 깨끗한 생활을 하지 못합니다. 이런 사람들은 성적으로 타락한 행동을 죄라고 인식하지 못하고 오히려 사랑이라 부르며 서로가 서로의 몸을 타락시키는 행위를 하기도 하고, 그 결과로 육체와 정신이 병들고 망가지게

성경은 처음이시죠?

됩니다. 이것이 하나님께서 이들을 향해 내리는 벌인 것입니다.

더 나아가 하나님께서는 피조물을 하나님처럼 섬기며 하나님 알기를 거부하고 하나님께 대한 지식을 억누르는 사람들을 부패한 마음으로 해서는 안될 짓을 하면서 살아가도록 내버려두시겠다고 합니다. 그 결과 이들 역시 마음이 타락한 만큼 온갖 악행을 저지르게 됨으로써 궁극적인 하나님의 진노와 심판을 면하지 못하게 되는 것입니다.

하나님을 거부하기 위해 사람들은 하나님이 아닌 다른 대체물을 찾아내어 섬깁니다. 고대의 토테미즘이나 애니미즘에서부터 현대의 다양한 인본주의 사상에 이르기까지, 인간은 늘 하나님의 자리에 하나님이 아닌 것을 올려 놓고 섬겨왔었습니다. 그러나 솔직하게 마음을 열고 편견없이 세상을 바라보면 이 세상을 만드신 창조주 하나님이 계시다는 것을 누구든지 알 수 있습니다.

그 무엇보다 지금 자기 자신을 제대로 바라볼 수만 있다면 어떤 피조물과도 비교할 수 없는 독특한 하나님의 형상이 자기 속에 있음을 발견할 수 있는 동시에 여전히 죄의 영향력에서 벗어나지 못하고 있는 자신을 발견하게 될 것입니다. 그래서 성경의 기록대로 인간에게는 하나님의 구원이 필요하다는 사실 또한 인정하게 될 것입니다.

여러분이 믿고 안정감의 근원으로 삼고 있는 대상은 무엇입니까? 자신입니까? 아니면 다른 우상들입니까?

하나님께서 주신 이성으로 자신의 영혼의 상태를 한번 점검해 보시길 바랍니다.

로마서 1장 18~25절

18 하나님의 진노가 불의로 진리를 막는 사람들의 모든 경건치 않음과 불의에 대하여 하늘로 좇아 나타나나니

19 이는 하나님을 알만한 것이 저희 속에 보임이라 하나님께서 이를 저희에게 보이셨느니라

20 창세로부터 그의 보이지 아니하는 것들 곧 그의 영원하신 능력과 신성이 그 만드신 만물에 분명히 보여 알게 되나니 그러므로 저희가 핑계치 못할찌니라

21 하나님을 알되 하나님으로 영화롭게도 아니하며 감사치도 아니하고 오히려 그 생각이 허망하여지며 미련한 마음이 어두워졌나니

22 스스로 지혜 있다 하나 우준하게 되어

23 썩어지지 아니하는 하나님의 영광을 썩어질 사람과 금수와 버러지 형상의 우상으로 바꾸었느니라

24 그러므로 하나님께서 저희를 마음의 정욕대로 더러움에 내어 버려두사 저희 몸을 서로 욕되게 하셨으니

25 이는 저희가 하나님의 진리를 거짓 것으로 바꾸어 피조물을 조물주보다 더 경배하고 섬김이라 주는 곧 영원히 찬송할 이시로다 아멘

성경은 처음이시죠?

08

삼위일체 하나님과 결혼의 신비

기독교의 교리에는 창조, 구원, 부활, 영생 등 참으로 이해하기 힘든 것들이 많습니다. 그중에서 이성적으로 가장 이해하기 힘든 것 중에 하나가 '삼위일체' 교리일 것입니다. '삼위일체' 교리란 한 분 하나님이 분명히 구별되는 세 인격으로 동시에 존재하실 수 있다는 말인데, 이것을 어떻게 설명할 수 있을까요?

창세기에는 하나님이 인간을 창조하실 때 '**우리**가 **우리**의 형상대로 사람을 만들자'라고 말씀하시는 장면이 나옵니다. 마치 다수가 함께 의논하면서 창조 사역을 이끌어 가고 계시는 것처럼 말입니다. 기독교는 이 구절로부터 시작하여 삼위일체 하나님이란 개념을 가지고 하나님이 어떤 분이신지를 이해하게 되었습니다. 태초부터 성부 하나님, 성자 예수님, 그리고 성령 하나님께서 서로 개별적인 동시에 하나로 존재하고 계시면서 모든 것을 함께 하셨다고 말입니다.

인간의 이성으로 이해하기 어려운 삼위일체를 설명하기 위해 여러 신학자들이 많은 노력을 기울여왔습니다. 대표적으로 20세기 가장 유명한 기독교 변증가 중 한 사람인 C.S. 루이스는 그의 책『순전한 기독교Mere Christianity』에서 삼위일체를 설명하기 위해 정육면체의 예를 들기도 했습니다. 정육면체가 각각 구별되는 6개의 사각형으로 이루어져 있지만 하나의 정육면체를 이루고 있는 것에 비유할 수 있다고 말입니다.

또 어떤 분은 '하나님은 빛이시다'라는 말씀으로부터 설명을 추론합니다. 빛은 그냥 보면 하얀색 한가지인 것 같지만 빨강, 초록, 파랑의 3원색으로 이루어져 있다는 사실로부터 하나이면서 동시에 셋인 삼위일체 교리를 빛에 빗대어 설명하기도 하는 것입니다.

성경은 하나님을 '사랑'이시라고 말합니다. 하나님의 가장 근본적인 성품이 '사랑'이라는 말입니다. 그러므로 심오한 삼위일체 교리를 이해하지 못하더라도 하나님은 '사랑'이시고, 원래 사랑은 혼자서는 할 수 없기 때문에 하나님도 삼위로 계시는 것이라고 이해하면 좋을 것 같습니다. 한 분 하나님 안에 서로 다른 세 위격이 서로 사랑의 관계를 맺으며 함께 창조사역을 이루셨다고 말입니다.

삼위일체로 계시는 사랑의 하나님께서 인간에게 처음 선물하신 것도 '사랑의 관계'였습니다. 천지창조를 끝낸 하나님께서는 모든 것이 참 보기에 좋다고 하셨는데 유일하게 아담이 혼자서 사는 것이 보기에 좋지 않았다고 말씀하셨습니다. 그래서 아담에게 이브라는 '사랑의 대상'을 짝으로 붙여주신 것입니다.

성경은 이브를 아담의 갈비뼈로 만드셨다고 말합니다. 아담의 뜨거운 심장에서 가장 가까운 뼈로 이브가 창조되었다는 사실은 참 로맨틱한 것 같습니다. 이후로 아담의 후손인 남성들은 자신의 잃어버린 갈비뼈 한 짝을 찾고 싶어하고 또 찾았을 때 더할 수 없는 기쁨과 환희를

성경은 처음이시죠?

느끼며 '당신은 내 뼈 중에 뼈요. 살 중에 살'이라는 고백을 해왔던 것입니다.

부부가 된 남자와 여자는 사랑으로 한 몸이 되고 육체적, 정신적, 영적, 경제적, 사회적인 모든 면에서 하나의 공동체로써 부모로부터 독립하여 자신들만의 삶을 시작하면서 함께 성장하게 되는데 그것이 결혼입니다.

이 결혼을 하나님께서 얼마나 기뻐하셨던지, 예수님과 교회성도의 관계를 신랑과 신부의 결혼 관계에 비유하기도 하셨습니다. 예수님과 교회도 한 몸이 되는 것과 같다고 말입니다.

이스라엘의 결혼 풍습은 먼저 신랑과 신부가 약혼을 한 후, 1년 정도 서로 떨어져서 결혼을 위한 준비를 한다고 합니다. 이 기간동안 신랑은 신부가 머물 집을 마련하고 신부를 데려올 준비를 하며 신부는 신랑을 기다리면서 신랑 집의 문화와 풍습을 익히고 신랑과 함께 살 준비를 한다는 것입니다.

재미있는 점은 신랑이 언제 신부를 데리러 가는지는 오직 신랑의 아버지만이 안다는 사실입니다. 신랑의 아버지가 아들의 결혼 준비 사항을 보고 허락의 신호를 보내면 그제서야 신랑은 신부를 맞이 하러 갈 수 있습니다. 그러니 신부는 이제나 저제나 신랑이 오기만을 손꼽아 기다려야 하는 것입니다.

마침내 신랑의 아버지가 신랑에게 신부를 데려오도록 허락을 하면 성대한 혼인잔치가 열리고 신랑과 신부는 많은 사람들의 축복 속에 정식으로 부부가 되어 결혼 생활을 시작하게 됩니다.

결혼이라는 제도는 하나님과 사람들 사이의 영원한 사랑의 관계를 상징적으로 보여주는 것입니다. 이 세상이 끝날 때 신랑되신 예수님이 하늘로부터 다시 오셔서 신부되는 교회(성도)를 데리고 천국 혼인잔치에 들어가서, 영원히 함께 하게 되는 것에 대한 예고편 같은 것입니다.

아담과 이브가 하나님의 명령에 불순종함으로 타락하기 전, 결혼의 모습은 이 땅에서 천국을 누리는 것과 같았습니다. 그러나 타락으로 인해 부부는 여전히 사랑하는 한 몸이지만 서로 다른 방향을 바라보고, 서로의 탓을 하며 힘겨운 세상살이를 견뎌야 하는 관계가 되어 버렸습니다. 지옥같은 결혼생활을 하는 사람들이 너무 많아지게 된 것입니다.

요즘 젊은이들 가운데는 결혼을 기피하는 사람들이 많습니다. 워낙 병리적인 결혼생활을 많이 보고 경험하며 자랐기 때문에 결혼에 대한 소망이 없어진 것 같습니다. 더구나 다른 사람과 보조를 맞추어 함께 사는 수고와 인내를 감당하기에는 세상이 너무 버거워진 것처럼 느낍니다. 더구나 온갖 미디어는 결혼의 의미를 폄하하면서 한 사람만 일평생 사랑하며 헌신하는 바보같은 짓을 하지 말고 자유롭게 살라고 부추깁니다. 그것이 더 멋지고 행복한 인생인 것처럼 말입니다.

그러나 사도 바울처럼 하나님의 특별한 부르심과 독신의 은사를 받은 경우가 아니라면 결혼하는 것이 하나님의 섭리이고 하나님께서 기뻐하시는 일입니다. 창세기로부터 하나님께서는 인간이 사랑없이 혼자 살아가는 것을 원하지 않으신다는 사실을 명백히 말씀하셨기 때문입니다.

하나님은 사랑이십니다. 성경은 그 사랑이 삼위일체 하나님 속에서 어떻게 역동적으로 작용하고있는지, 그리고 그 사랑의 모형이 인간의 결혼 제도 속에서 어떻게 드러나야 하는지를 잘 가르쳐주고 있습니다.

창세기 2장 18절

18 여호와 하나님이 가라사대 사람의 독처하는 것이 좋지 못하니 내가 그를 위하여 돕는 배필을 지으리라 하시니라

창세기 2장 20~25절

20 아담이 모든 육축과 공중의 새와 들의 모든 짐승에게 이름을 주니라 아담이 돕는 배필이 없으므로

21 여호와 하나님이 아담을 깊이 잠들게 하시니 잠들매 그가 그 갈빗대 하나를 취하고 살로 대신 채우시고

22 여호와 하나님이 아담에게서 취하신 그 갈빗대로 여자를 만드시고 그를 아담에게로 이끌어 오시니

23 아담이 가로되 이는 내 뼈 중의 뼈요 살 중의 살이라 이것을 남자에게서 취하였은즉 여자라 칭하리라 하니라

24 이러므로 남자가 부모를 떠나 그 아내와 연합하여 둘이 한 몸을 이룰찌로다

25 아담과 그 아내 두 사람이 벌거벗었으나 부끄러워 아니하니라

08 삼위일체 하나님과 결혼의 신비

09

선악과 – 하나님께 대한 죄

창세기 3장에는 우리가 사는 세상이 왜 이렇게 힘들어졌는지, 왜 이렇게 고통과 악이 만연한 곳이 되었는지를 설명하는 유명한 이야기가 나옵니다. 바로 '선악과' 이야기입니다.

에덴동산에서 행복하게 살고 있던 아담과 이브에게 뱀의 모습으로 변신한 사탄이 나타납니다. 성경은 사탄을 거짓말하는 자, 이간질시키는 자, 그리고 고소하는 자라는 말로 묘사하고 있습니다. 그래서인지 뱀의 혀를 가진 사탄은 그 특유의 교묘한 말로 이브를 꾀어 냅니다.

사탄은 이브에게 하나님께서 동산에 있는 '모든' 나무의 열매를 먹지 말라고 하셨냐고 물었습니다. 그러자 이브는 '아니다. 동산 중앙에 있는 나무의 열매, 선과 악을 알게 해주는 나무의 열매만 먹지도 말고 만지지도 말라고 말씀하셨다'라고 대답했습니다.

이때를 놓치지 않고 사탄은 하나님이 인간에게 그 열매를 먹지 못하게 하신 이유를 말해주겠다며 이브를 속였습니다. 선악과를 먹고 나면 인간의 눈이 밝아져서 스스로 선악의 기준을 세울 수 있는 하나님과 같은 존재가 될 것이기 때문에 하나님께서 아담과 이브에게 그 열매를 먹으면 죽을 것이라고 거짓말을 하셨다는 것입니다.

'하나님과 같이 될 수 있다'라는 이 달콤한 유혹에 넘어간 아담과 이브는 결국 선악과를 따먹게 되었고 눈이 밝아져서 비로소 자신들이 어떤 짓을 했는지 깨닫게 되었습니다. 하나님처럼 되기는커녕 하나님과의 관계가 끊어져 인간 세상에 악과 고통과 죽음이 들어와 버리게 되었다는 사실 말입니다.

선악과를 따먹음으로 창조주 하나님의 명령을 어긴 인간에게 하나님은 한편으로는 그 일에 합당한 벌을 내리시고, 다른 한편으로는 그럼에도 불구하고 다시 하나님께로 나올 수 있는 길을 열어 주셨습니다. 그 길이 예수 그리스도이십니다.

선악과 사건으로 인해 아담의 후예인 남자들은 고된 노동을 통해서만 생계를 유지하고 가족을 부양할 수 있게 되었습니다. 이브의 후손인 여성들은 출산의 고통과 함께 사랑하고 도와야 할 남편과 갈등을 겪을 수 밖에 없는 존재가 되었습니다. 또한 자연도 함께 저주를 받아 지구의 환경이 망가지게 되었습니다. 너무나 엄청난 결과를 초래한 것입니다.

사람들은 '하나님이 처음부터 선악과 따윈 만들지 않았더라면 아담과 이브가 따먹을 일도 없었을텐데 왜 너무 먹고 싶게 만들어 놓고 못 먹게 하셨을까?' 하면서 원망하는 말을 쏟아 냅니다. 여기에 대한 설명이 많지만 가장 중요한 한가지만 이야기해보려고 합니다.

하나님이 사람을 창조하신 이유는 하나님의 형상을 닮은 존재들과 진정한 사랑을 나누고 싶으셨기 때문입니다. 왜냐하면 하나님은 사랑

09 선악과 - 하나님께 대한 죄

이시기 때문입니다. 그리고 사랑은 본질상 자유로운 선택에 기반하며 배타적입니다. 자신의 의지로 선택하지 않은 사랑은 진짜 사랑이 아니고, 특정한 대상이 아니라 모두를 똑같이 사랑한다고 말하는 것은 아무도 사랑하지 않는 것과 같습니다.

하나님과 진짜 사랑을 하려면 인간에게 선택의 자유가 있어야 합니다. 그래서 하나님께서는 인간에게 '자유의지'를 주신 것입니다.

인간은 프로그래밍된 대로만 작동하는 인공지능이나 로봇같은 존재가 아닙니다. 인격적인 하나님을 사랑하기 위해 우리에게는 반드시 사랑의 대상을 선택할 수 있는 자유가 필요합니다. 아담과 이브에게 주신 자유의지를 사용할 수 있었던 대상, 그리고 하나님께 대한 사랑의 진정성을 테스트해 볼 수 있었던 유일한 상징물이 선악과였습니다. 불행히도 그들은 자신들에게 주어진 자유를 하나님을 배신하는데 사용했지만 말입니다.

이브는 선악과가 선과 악을 분별할 수 있는 지혜를 줄 만큼 보기도 좋고 먹음직스럽기도 하다고 느꼈습니다. 그리고 스스로 선과 악을 결정할 수 있는 주체적인 존재, 스스로 설 수 있는 존재가 되고 싶었습니다. 선악과를 따 먹은 아담과 이브의 후예들은 지금도 하나님의 지혜 대신 나름대로 자신의 인생을 이끌어줄 지혜를 찾아다니면서 스스로 자기의 길을 선택할 수 있는 독립적인 존재가 되려고 애쓰고 있습니다. 이런 생각의 기원이 에덴동산의 선악과 사건입니다.

선악과를 따먹은 아담과 이브가 지은 죄의 본질은 하나님의 말씀을 신뢰하지 않고 그 말씀에 따르지 않겠다고 선택하고 행동한 것, 그리고 자기가 하나님의 자리에 서서 자기 인생의 주인이 되어 살고자 했

성경은 **처음**이시죠?

던 교만함입니다. 하나님으로부터의 '자유'를 선언하며 하나님과 같은 존재가 되려고 했던 일이었던 것입니다.

이것이 인류의 원죄Original Sin입니다. 선악과를 먹고 하나님과의 관계가 끊어져 버린 인류의 DNA에는 늘 하나님의 말씀에 대적하고, 옳고 그름의 자의적인 기준을 세우고, 하나님처럼 되고자 하며, 하나님의 선하심과 공의로우심을 의심하며 살아가는 기질이 있습니다. 사탄은 오늘도 우리의 원죄 속에 들어있는 그 죄성을 들쑤시며 속삭이고 있는 것입니다.

'하나님은 너희를 사랑하지 않으시고, 너희가 하나님처럼 되는 것을 두려워 하셔.'

'하나님이 공의로운 분이시라면 세상이 왜 이 모양이겠어.'

'하나님만 믿고 기다리다간 아무 일도 하지 못할거야. 인간의 잠재력을 최대치로 끌어내 봐. 너희는 결코 죽지 않을 거야.'라고 말입니다.

그 듣기 좋고 달콤한 목소리를 쫓아 달려온 것이 인류의 역사이고 지금의 세상입니다.

창세기 3장 1~7절

1 여호와 하나님의 지으신 들짐승 중에 뱀이 가장 간교하더라 뱀이 여자에게 물어 가로되 하나님이 참으로 너희더러 동산 모든 나무의 실과를 먹지 말라 하시더냐

2 여자가 뱀에게 말하되 동산 나무의 실과를 우리가 먹을 수 있으나

3 동산 중앙에 있는 나무의 실과는 하나님의 말씀에 너희는 먹지도 말고 만지지도

말라 너희가 죽을까 하노라 하셨느니라

4 뱀이 여자에게 이르되 너희가 결코 죽지 아니하리라

5 너희가 그것을 먹는 날에는 너희 눈이 밝아 하나님과 같이 되어 선악을 알줄을 하나님이 아심이니라

6 여자가 그 나무를 본즉 먹음직도 하고 보암직도 하고 지혜롭게 할만큼 탐스럽기도 한 나무인지라 여자가 그 실과를 따먹고 자기와 함께한 남편에게도 주매 그도 먹은지라

7 이에 그들의 눈이 밝아 자기들의 몸이 벗은 줄을 알고 무화과나무 잎을 엮어 치마를 하였더라

성경은 **처음**이시죠?

10

선악과 – 이웃에 대한 죄

하나님께서는 한 남자와 한 여자가 결혼을 하여 한 몸이 되게 하시고 각자의 부모를 떠나 새로운 사랑의 공동체인 가정을 만들고 함께 삶을 개척해 나가도록 하셨습니다. 그런데 인류 최초의 부부였던 아담과 이브의 가정이 선악과 사건으로 깨어질 위기에 처하게 되었습니다.

선악과를 따먹음으로써 하나님을 배신하고 하나님처럼 되려고 했던 아담과 이브는 사탄의 말처럼 정말로 눈이 밝아져 비로소 자신들이 무슨 짓을 저질렀는지 깨닫게 되었고 너무나 부끄럽고 두려운 나머지 하나님의 얼굴을 피하여 숨어버렸습니다.

그러자 하나님께서는 아담과 이브를 부르셔서 왜 하나님이 주신 명령을 어기고 선악과를 따먹게 되었는지 그 이유를 물으셨습니다.

먼저 아담은 자신의 의지로 선택한 행동에 대하여 그 책임을 하나님과 아내인 이브에게 떠넘겨 버립니다. 가장 큰 책임은 자기가 요구하지도 않은 여자를 '돕는 베필'이랍시고 자기에게 맡겨 버리신 하나님에게 있다는 것이었습니다.

처음 이브를 보았을 때 그토록 열렬히 사랑했던 마음은 어디론가 사
라지고 이 여자때문에 이런 일이 일어났다고 비겁한 변명을 해댄 것입
니다. 그런 말을 면전에서 들은 이브의 마음이 어떠했을까요? 엄청난
분노와 배신감이 마음 속 깊은 곳에 자리잡게 되었을 것입니다.

이브도 마찬가지입니다. 자기가 저지른 죄에 대하여 1차적인 책임은
자기를 유혹한 뱀을 창조하신 하나님께 있고, 그 다음은 사악한 뱀이
책임을 져야 한다고 주장했습니다.

아담도 이브도 모두 1차적인 책임은 애초에 이런 일이 일어날 수
있는 세상을 창조하시고, 인간에게 자유의지를 주시고, 인간이 유혹
에 넘어가도록 선악과를 만들어 두신 하나님께 있다고 항변했습니다.
그 두 사람 중 누구도 자신의 행동에 대해 진심으로 뉘우치고 스스로
죗값을 치르겠다거나 서로의 허물을 대신 갚겠다고 한 사람은 없었
습니다.

태초의 인간인 아담과 이브가 서로에게 가장 먼저 지은 죄는 '남 탓'
입니다. 한 몸이 된 부부가 함께 저지른 잘못을 서로의 탓으로 돌릴 때
한 몸이 둘로 찢겨 버리는 아픔과 슬픔을 경험하게 됩니다. 오늘날에
도 가정이 깨어지는 가장 큰 원인은 가정에서 발생하는 문제에 대하여
상대방을 탓하면서 자기 변명과 책임 전가 그리고 자기 연민으로 일관
하는 태도일 것입니다.

사탄은 이런 방식으로 자신의 죄를 남 탓으로 돌리는 사람들을 공격
의 대상으로 삼습니다. 왜냐하면 이들은 자기의 죄를 직면하기 보다는
다른 사람들에게 책임을 돌리면서 스스로를 속이려고 하기 때문에 거
짓의 아비인 사탄의 먹이감이 되기 십상이기 때문입니다.

성경은 처음이시죠?

현대 사회의 문제 중 가장 심각한 것은 모든 것이 남 탓, 세상 탓이라고 생각하는 사람들이 점점 많아지고 있다는 사실입니다. 내가 지금 고통받는 이유는 불행한 시대에 태어난 탓이고, 부모를 잘못 만난 탓이고, 사회구조가 불평등한 탓이라는 겁니다.

그러나 자신의 선택과 행동에 도덕적인 책임질 수 있는 존재만이 진정한 삶의 의미를 깨달을 수 있으며 인간으로서 존엄성을 유지할 수 있습니다. 스스로를 자기 자신의 삶을 바꾸어 보려는 능력도, 의지도 없는 존재로 비하해 버리고 남 탓을 하며 가슴에 분노를 키우는 사람들이 많아지는 사회에서는 인간의 존엄성도 무너지게 되어 있습니다.

선악과를 먹고 눈이 밝아진 아담과 이브가 제일 먼저 한 일이 가정이라는 사랑의 공동체를 파괴한 것이고, 궁극적으로는 자기 자신의 존엄성을 파괴하는 '남 탓'이었다는 것은 참으로 시사하는 바가 큽니다.

만약 하나님께서 아담과 이브를 불러 선악과를 따먹은 죄를 추궁하셨을 때, 아담이 스스로 죄를 인정하고 회개하며 이브의 죄까지도 아내를 제대로 보살피지 못한 남편의 책임이라고 하면서 용서를 구했다면 이후의 성경의 이야기와 인류의 역사는 좀 달라지지 않았을까요? 만약 아담과 이브가 누가 먼저라고 할 것도 없이 그 죄는 자기의 책임이라고 하면서 서로를 감싸 안았다면 그들의 사랑에 감동하신 하나님께서 오히려 너그럽게 용서하지 않으셨을까요?

하나님께서는 '네 이웃을 네 몸같이 사랑하라'는 명령을 주셨습니다. 서로에게 최초의 이웃이었던 아담과 이브는 이웃사랑에 실패하였습니다. 그러나 예수 그리스도께서는 우리의 죄를 대신하여 십자가를 지심으로 이웃사랑을 완성해 주셨습니다. 이제 예수님의 사랑으로 다시 하나님의 자녀가 된 우리가 어느 누구도 탓하지 않은 채 이웃사랑을 제대로 해낼 수 있다면 얼마나 기쁜 일이겠습니까?

창세기 3장 8~13절

8 그들이 날이 서늘할 때에 동산에 거니시는 여호와 하나님의 음성을 듣고 아담과 그 아내가 여호와 하나님의 낯을 피하여 동산 나무 사이에 숨은지라

9 여호와 하나님이 아담을 부르시며 그에게 이르시되 네가 어디 있느냐

10 가로되 내가 동산에서 하나님의 소리를 듣고 내가 벗었으므로 두려워하여 숨었나이다

11 가라사대 누가 너의 벗었음을 네게 고하였느냐 내가 너더러 먹지 말라 명한 그 나무 실과를 네가 먹었느냐

12 아담이 가로되 하나님이 주셔서 나와 함께하게 하신 여자 그가 그 나무 실과를 내게 주므로 내가 먹었나이다

13 여호와 하나님이 여자에게 이르시되 네가 어찌하여 이렇게 하였느냐 여자가 가로되 뱀이 나를 꾀므로 내가 먹었나이다

성경은 처음이시죠?

11
타락의 결과와 구원의 예언

에덴동산을 파국으로 몰고 간 선악과 사건의 결과에 대해 성경은 다음과 같이 기록하고 있습니다.

먼저 이브를 유혹하여 선악과를 따먹게 한 뱀에게는 일생동안 배로 기어다니며 흙을 먹을 수 밖에 없는 저주가 내려집니다. 다른 모든 동물들보다 더 낮고 어두운 곳에 비밀스럽게 다녀야하는 처지가 된 것입니다.

이브에게는 아이를 낳을 때 받는 고통이 크게 더해졌습니다. 다른 동물들은 새끼를 낳으면 금방 툴툴 털고 일어날 수 있지만 여자들은 그렇지 못합니다. 출산할 때에도 누군가가 옆에서 아이를 받아주고 도와주어야 합니다. 그렇지 않으면 산모도 아이도 생명이 위험해질 확률이 높아집니다. 참 힘든 출산의 과정을 거쳐야만 아이를 품에 안을 수 있게 된 것입니다. 뿐만 아니라 남편과의 관계도 '돕는 베필'에서 격하되어 늘 남편을 바라보지만 남편의 마음을 얻기는 너무 힘들고, 오히려 남편의 통제를 받는 존재가 되어 버렸습니다.

아담은 또 어떻습니까? 하나님과 함께 일하면서 에덴동산의 관리자로서 즐겁게 일하는 것이 아니라, 오직 생계를 위한 노동을 할 수 밖에 없게 되었습니다. 더구나 땅마저 저주를 받았으므로 하루 종일 수고해도 아무런 보람도 없이 힘만 쏟는 경우도 많아지게 됩니다. 하나님 안에서의 일은 축복이었지만 하나님을 떠난 세상 속에서의 일은 고된 노동일 뿐이었습니다.

그러나 무엇보다 가장 큰 저주는 아담과 이브에게 죽음이 임했다는 것입니다. 원래 인간은 하나님과 함께 영원히 살아갈 수 있는 존재로 창조되었습니다. 이것은 에덴동산에 생명나무가 있었고 하나님께서는 인간에게 생명나무 열매를 먹는 것을 금지하신 적이 없다는 사실에서 짐작해 볼 수 있습니다. 그런데 아담과 이브가 하나님을 배신하자 죽을 수 밖에 없는 존재가 되어 버렸습니다.

인간은 본능적으로 자신의 죽음을 거부하고 영원히 살 수 있게 되길 꿈꿉니다. 그 이유는 원래부터 인간에게는 죽음이 자연스럽고 당연한 일이 아니었기 때문입니다. 지금까지 인류가 문명을 이루고 과학과 기술을 발전시키려고 애를 쓴 것도 스스로의 힘으로 죽음을 극복하기 위한 몸부림이었습니다.

이런 절망적인 상황에서 하나님께서는 죽음을 극복하고 다시 하나님께로 돌아갈 수 있는 길을 마련해 주셨습니다.

창세기 3장 15절에는 사탄은 여자와 원수가 되고, 여자의 후손과도 원수가 된다고 예언되어 있습니다. 그리고 여자의 후손은 사탄의 머리를 짓밟아버리고 머리가 밟힌 사탄은 최후의 발악으로 여자의 후손의 발꿈치를 상하게 할 것이라고도 했습니다. 이 예언은 장차 오실 예수 그리스도와 그의 구원사역에 대한 예언으로 이를 '원시복음'이라고 부릅니다. 그렇다면 이 예언은 어떻게 성취되었을까요?

예수 그리스도는 인간적으로 볼 때 완벽하게 여자의 후손입니다. 성령으로 잉태되어 동정녀 마리아의 몸을 통해 이 세상에 오셨기 때문입니다. 그리고 예수 그리스도는 2천 년 전, 십자가에서 인류의 죗값을 다 치르고 죽으셨다가 3일만에 다시 살아나셨습니다. 하나님의 능력으로 죽음을 극복하고 부활하셔서 사탄의 머리를 짓밟아 버리심으로 인간을 통치하고 있는 사탄의 세력에 결정타를 날려 버리신 것입니다.

지금 우리가 살고 있는 시대는 이미 머리가 으스러진 사탄이 마지막 발악을 하고 있는 시대입니다. 여자의 후손의 발뒤꿈치를 물고 버티듯이 사탄은 예수님을 믿는 사람들을 여기저기서 훼방하며, 아직 예수님을 믿지 않고 있는 사람들을 유혹하여 결국 영원한 죽음의 세계로 끌고 가려고 하고 있는 것입니다.

성경은 무화과 나뭇잎을 보고 때를 분별하라고 합니다. 자연을 보면서 변화하는 계절과 때를 분별하듯이 눈 앞에 보이는 사회 현상들을 보면서 그 이면에 보이지 않는 세계에서는 어떤 일들이 펼쳐지고 있는지 잘 분별할 수 있어야 한다는 뜻입니다.

성경은 인류의 역사를 하나님께서 그분의 자녀를 부르고 계시는 과정으로 설명합니다. 사탄의 영향력 아래 사로잡혀 있던 사람들이 예수님을 믿음으로 구원을 받아 다시 하나님의 자녀가 되는 과정이라고 말입니다.

이 과정 중에 여러분은 지금 어디에 있습니까?

14 여호와 하나님이 뱀에게 이르시되 네가 이렇게 하였으니 네가 모든 육축과 들의 모든 짐승보다 더욱 저주를 받아 배로 다니고 종신토록 흙을 먹을지니라

15 내가 너로 여자와 원수가 되게하고 너의 후손도 여자의 후손과 원수가 되게 하리니 여자의 후손은 네 머리를 상하게 할 것이요 너는 그의 발꿈치를 상하게 할 것이니라 하시고

16 또 여자에게 이르시되 내가 네게 잉태하는 고통을 크게 더하리니 네가 수고하고 자식을 낳을 것이며 너는 남편을 사모하고 남편은 너를 다스릴 것이니라 하시고

17 아담에게 이르시되 네가 네 아내의 말을 듣고 내가 너더러 먹지 말라한 나무 실과를 먹었은즉 땅은 너로 인하여 저주를 받고 너는 종신토록 수고하여야 그 소산을 먹으리라

18 땅이 네게 가시덤불과 엉겅퀴를 낼 것이라 너의 먹을 것은 밭의 채소인즉

19 네가 얼굴에 땀이 흘러야 식물을 먹고 필경은 흙으로 돌아 가리니 그 속에서 네가 취함을 입었음이라 너는 흙이니 흙으로 돌아갈 것이니라 하시니라

12

아담의 죄가 나와 무슨 상관이 있을까요?

'원죄'라는 단어를 들어보셨나요?

선악과를 먹고 눈이 밝아진 사람들은 이제부터 하나님의 뜻이 아니라 자기가 세운 삶의 기준, 자기가 판단한 선과 악의 기준에 따라 살면서 인간관계도 깨어지고, 환경적으로도 어려움을 당하며 살 수 밖에 없는 존재가 되어버렸습니다.

그리고 이 저주는 아담에게서 끝나는 것이 아니라 아담의 죄성을 이어 받은 모든 후손들, 즉 인류 전체에게까지 영향을 주게 되었는데 그것이 '원죄'입니다. 다른 말로는 인간 본성 깊은 곳에 박혀있는 '죄성 Sinful Nature', 즉 죄를 향해가는 마음을 말합니다.

21세기를 살고 있는 현대인들은 태초의 사람인 아담이 지은 죄의 영향력이 오늘날 나에게까지 영향을 미치고 하나님 앞에서 죄인 취급을 받는 것은 공정하지 못하다고 느낍니다. 지금 내가 아무리 선한 삶을 살고있다 하더라도 내가 아담의 후손인 이상 나의 신분은 여전히 사탄의 종일 뿐이고 나에게는 원죄의 낙인이 찍혀있다는 사실을 받아들이

지 않습니다. 그래서 예수님을 믿으면 죄에서 구원을 받을 수 있다는 제안에 아무런 매력을 느끼지 못합니다. '내가 죄와 상관이 없고 죄인도 아닌데 구원이 왜 필요한 것인가?' 하며 거부하게 되는 것입니다.

그러나 신분제 사회였던 조선시대를 생각해 보면 의외로 원죄를 이해하기 쉽습니다. 조선시대에는 부모가 노비이면 자식은 무조건 노비가 됩니다. 노비의 자식은 아무리 뛰어난 지식이 있고, 재능을 가지고 있어도 여전히 노비일 뿐입니다. 자신의 노력 여하에 상관없이 노비의 신분으로 평생을 살아가야 하는 운명인 것입니다.

노비가 양민이 되려면 누군가가 값을 치르고 노비를 사서 해방을 시켜주어야만 가능한 일입니다. 그리고 나랏님이 그의 신분을 바꾸어 주고, 그것을 공식적으로 인정해 주어야만 양민이 될 수 있는 것입니다. 그런 은혜는 아무에게나 거저 주어지는 것이 아닙니다.

마찬가지로 사탄의 종이 된 아담에게서 태어난 사람들 역시 무조건 아담과 같은 사탄의 종, 사탄의 노예라는 신분을 가지고 태어납니다. 사람들이 아무리 선한 행위를 많이 하고 인생을 열심히 살려고 노력했어도, 아무리 능력이 뛰어나다 할지라도 결코 스스로의 힘으로 신분을 바꿀 수는 없습니다. 그러면 사탄의 종이라는 신분에서 하나님의 자녀라는 신분으로 회복되려면 어떻게 해야 할까요?

그것은 오직 누군가가 대가를 치르고 우리를 죄에서 해방시켜주어야 합니다. 그 누군가가 바로 예수님입니다. 하나님께서는 자신의 아들 예수 그리스도를 이 세상에 보내셔서 십자가에서 죽게 하심으로써 인류의 죗값을 치르게 하셨고, 예수님을 부활시키심으로 인류가 그렇게 두려워하던 죽음의 영향력에서도 벗어나게 해주셨습니다. 그리고 누구든지 예수 그리스도를 믿기만 하면 하나님의 자녀라고 공식적으로 인정해주셨습니다.

아담이 인류의 대표자로서 죄를 지어 모든 사람들의 신분이 죄의 종으로 전락해 버린 것처럼 예수님께서 인류의 대표자로서 그 모든 죗값을 치루어주시자 모든 사람들에게는 다시 하나님의 자녀가 될 수 있는 길이 열리게 되었던 것입니다.

이제 하나님의 자녀로 신분이 회복된 사람들은 그 은혜가 너무 크고 감사해서 다시는 죄의 유혹에 빠지지 않으려고 노력하면서 자신의 새로운 신분에 걸맞는 삶을 살아가고 싶은 열망을 가지게 됩니다. 그것이 바로 예수를 믿는다고 고백하는 사람들이 구별된 삶, 거룩한 삶을 살아가게 되는 원동력입니다.

어떤 사람들은 하나님께서 왜 그렇게 복잡한 방법을 사용해서 인류를 구원하려 하시는지 이해할 수 없다고 합니다. 그냥 태어난 사람들은 무조건 다 구원받게 해주면 되지 않느냐고 반문합니다. 그러나 어떤 일도 겁박하거나 강제적으로 하지 않으시고 우리의 선택을 존중하시는 하나님께서는 우리가 우리의 자유의지로 그분의 사랑을 받아들이길 기다리십니다.

돌아온 탕자를 아무런 조건없이 환영했던 아버지처럼 그저 믿기만 하면 언제든 하나님의 자녀로 받아주시고 안아주시겠다고 두 팔 벌려 기다리고 계시는 하나님 아버지의 모습을 한번 마음 속으로 그려보시기 바랍니다. 그럴 때 예수님의 십자가의 대속과 부활이 새로운 의미로 다가오게 될 것입니다.

로마서 5장 17~19절

17 한 사람의 범죄를 인하여 사망이 그 한 사람으로 말미암아 왕노릇 하였은즉 더

욱 은혜와 의의 선물을 넘치게 받는 자들이 한 분 예수 그리스도로 말미암아 생

명 안에서 왕노릇 하리로다

18 그런즉 한 범죄로 많은 사람이 정죄에 이른것 같이 의의 한 행동으로 말미암아

많은 사람이 의롭다 하심을 받아 생명에 이르렀느니라

19 한 사람의 순종치 아니함으로 많은 사람이 죄인 된것 같이 한 사람의 순종하심

으로 많은 사람이 의인이 되리라

성경은 처음이시죠?

First time with the Bible

⟨Adam and Eve⟩
Rembrandt van Rijn, 1638

> 인자야 너는 두로 왕에게 이르기를
> 주 여호와의 말씀에
> 네 마음이 교만하여 말하기를 나는 신이라
> 내가 하나님의 자리 곧 바다 중심에 앉았다 하도다
> 네 마음이 하나님의 마음 같은체 할찌라도
> 너는 사람이요 신이 아니어늘
>
> 에스겔 28장 2절

13

생명나무가 화염검에 둘러싸이게 된 이유

선악과를 따먹고 눈이 밝아진 아담과 이브는 자신들의 벗은 모습이 부끄러워 무화과 나뭇잎으로 대충 몸을 가려보려고 했습니다. 그러자 하나님께서는 에덴동산에서 쫓겨나는 아담과 이브를 위해 제대로 된 가죽옷을 지어 입혀주셨습니다. 그런데 가죽옷을 만들기 위해서는 반드시 동물을 죽여야 합니다. 아담과 이브가 지은 죄의 부끄러움을 가려주기 위해 아무 죄가 없는 동물이 죽임을 당하고 피를 흘려야 했던 것입니다.

이렇게 인간을 대신하여 피를 흘린 동물의 희생을 통하여 인간의 부끄러움과 죄를 가려주셨던 하나님의 모습은 이후에 예수님을 통해 온전하게 드러나고 완성되게 됩니다. 성경에는 예수님을 '어린 양'이라고 표현하는데, 이스라엘의 제사법에 따라 어린 양이 속죄의 제물로 죽는 것처럼 예수님께서 인간의 죗값을 대신 치르시기 위해 십자가에서 죽으셨기 때문입니다.

한편, 아담과 이브가 에덴동산에서 쫓겨난 이후, 하나님께서는 혹시 인간들이 손을 뻗어 생명나무의 열매까지 먹을까 걱정이 되어 생명나무의 주변을 화염검으로 둘러싸서 지키게 하셨습니다. 아무도 생명나무 근처에 올 수 없도록 말입니다.

처음 하나님께서 인간을 창조하시고 에덴동산에 생명나무를 두셨을 때, 아담과 이브에게 생명나무의 열매를 먹지 말라고 명령하신 적이 없습니다. 왜냐하면 인간은 하나님과 영원히 사랑하면서 함께 살도록 창조되었기 때문입니다. 그러나 죄를 지음으로 하나님과의 관계가 단절된 인간, 저주받은 인간이 저주받은 그 상태 그대로 저주받은 세상 속에서 영원히 살게 된다면 어떻게 될까요? 그야말로 이 땅에서 영원한 지옥이 펼쳐지게 되는 것이 아닐까요? 그래서 사람들을 사랑하시는 하나님께서 생명나무의 열매를 먹지 못하게 막으신 것입니다.

유사이래 사람들은 세상에서 영원히 살 수 있는 것이 축복이라고 여기고 불로장생의 약이나 기술을 개발하려고 노력해 왔습니다. '트랜스휴머니즘Transhumanism'이라는 새로운 개념을 통해 이제 인간이 육체적인 한계를 벗어나 인공지능이나 기계와 결합한 새로운 종으로 진화하여 인간이란 존재를 초월한 다른 무언가로 살아가는 것까지 가능한 시대가 왔다고 장담하고 있습니다. 그러나 탐욕과 이기심, 시기와 교만 등 죄로 가득찬 본성의 변화없이 인위적으로 인간의 육체적인 생명만을 연장시키는 기술은 인류에게 축복이 아니라 저주가 될 것입니다.

생명공학이 발달하고 있는 요즘, 선악과에 손을 대고 세상을 타락하게 만들었던 사람들이 이제는 생명나무 열매에까지 손을 대려고 하고 있는 것 같습니다. 인간 생명의 정의Definition와 가치Value를 자의적으로 정하여 누가 살아남고 누가 죽어야 하는지 마음대로 정합니다. 인간의

13 생명나무가 화염검에 둘러싸이게 된 이유

배아를 가지고 실험을 하기도 하고, 낙태를 허용하고, 안락사를 찬양하며, 우생학의 개념을 도입하여 스스로의 진화에 박차를 가하고자 엄청난 재원을 쏟아붓고 있습니다.

그러나 영생은 하나님과의 관계가 회복되고, 하나님과 함께할 때에만 진정한 축복이 될 수 있습니다. 하나님께서 영생을 위해 우리에게 주신 유일한 길은 예수 그리스도를 믿음으로 새로운 피조물로 다시 태어나는 것뿐입니다. 예수님만이 유일하게 십자가에 죽으셨다가 죽으신지 사흘만에 부활하셔서 우리에게 새로운 생명의 가능성을 보여주신 분입니다.

이 예수님을 자신의 구원자이자 자기 삶의 주인으로 인정하는 사람들, 원죄의 본성을 거스르고 오직 거룩하신 예수님을 닮은 삶을 살기로 결단한 사람들에게 하나님께서는 다시 한 번 영원히 함께 하는 삶을 살 수 있도록 하셨습니다. 생명나무의 열매를 먹는 일은 그때 우리에게 다시 허락될 것입니다.

창세기 3장 20~24절

20 아담이 그 아내를 하와(이브)라 이름하였으니 그는 모든 산 자의 어미가 됨이더라

21 여호와 하나님이 아담과 그 아내를 위하여 가죽옷을 지어 입히시니라

22 여호와 하나님이 가라사대 보라 이 사람이 선악을 아는 일에 우리 중 하나 같이 되었으니 그가 그 손을 들어 생명나무 실과도 따먹고 영생할까 하노라 하시고

23 여호와 하나님이 에덴동산에서 그 사람을 내어 보내어 그의 근본된 토지를 갈게

성경은 처음이시죠?

하시니라

24 이같이 하나님이 그 사람을 쫓아 내시고 에덴동산 동편에 그룹들과 두루 도는 화염검을 두어 생명나무의 길을 지키게 하시니라

13 생명나무가 화염검에 둘러싸이게 된 이유

⟨Return of the Prodigal Son⟩
Rembrandt van Rijn, 1668

14

모세오경은 어떤 책일까요?

지금까지 창세기의 가장 핵심적인 내용들을 대략 살펴보았으니 이제부터는 구약성경 39권의 책 중 가장 먼저 나오는 다섯 권의 책인 창세기, 출애굽기, 레위기, 민수기, 신명기에 대해 간략하게 살펴보려고 합니다. 이 다섯 권의 책을 모세가 쓴 다섯 권의 경전이란 뜻으로 '모세오경'이라고 부릅니다.

하나님께서는 기원전 1500년 경에 모세라는 사람에게 나타나셔서 이집트 땅에서 약 400년 동안 노예 생활을 하고 있는 이스라엘 백성들을 구원하여 다시 하나님의 백성으로 회복시키라고 명령하셨는데 그 과정을 기록한 책이 바로 모세오경입니다.

선악과를 먹고 에덴동산에서 쫓겨난 인류는 그 이후에도 지속적으로 하나님을 거역하는 일을 하면서 살았습니다. 바벨탑을 지어 하늘 끝까지 올라가 보려다가 하나님께서 언어를 다르게 만들어 버리시는 바람에 온 사방으로 흩어지게 되었고, 노아의 시대에는 죄를 너무 많이 지어 하나님께서 더이상 참지 못하시고 노아의 가족들만 제외하고는 모든 사람들을 다 홍수로 심판하셨던 일도 있었습니다.

그러나 창세기 3장에서 예언된 하나님의 구원 계획, 즉 여자의 후손으로 사탄의 세력을 멸하고 다시 하나님의 자녀로 회복시켜주시겠다고 하신 그 언약은 여전히 유효한 것이었습니다.

이 일을 위하여 하나님께서는 갈대아 우르라는 지역에 살던 아브라함이라는 사람을 선택하셔서 그의 자손을 통해 온 인류의 구원자, 메시야를 보내시겠다고 하셨습니다. 그 아브라함이 이스라엘 민족의 조상이 되었으며 인류의 구원자인 예수님께서는 그로부터 약 2천 년이 지난 후, 혈통적으로 아브라함의 자손인 유대인으로 세상에 오신 것입니다.

이제 성경은 하나님으로부터 인류의 구원을 이루기 위해 선택받은 아브라함과 그의 후손들이 역사 속에서 어떻게 하나님의 구원 계획을 이루어가게 되는지에 대한 이야기를 주제로 펼쳐지게 됩니다.

아브라함은 100세에 이삭이란 외아들을 낳았고 손자 야곱의 대에 이르자 모두 12명의 형제로 이루어진 유목민 대가족이 되었습니다. 그런데 야곱의 열한번째 아들 요셉을 유난히 질투하고 미워했던 형들이 요셉을 이집트 사람의 노예로 팔아버렸고 요셉은 갖은 우여곡절을 겪은 후, 이집트의 파라오가 꾼 꿈을 해석해 준 덕분에 마침내 이집트의 총리가 되었습니다.

그즈음 큰 기근을 만난 야곱의 가족들은 죽은 줄로만 알았던 요셉이 살아서 이집트의 총리가 되었다는 사실을 알게 되었고 요셉의 도움으로 이집트의 고센이라는 지방에 터를 잡고 살면서 기근의 위기를 무사히 넘길 수 있었습니다. 그러면서 70여 명 남짓되던 가족들은 이집트

14 모세오경은 어떤 책일까요?

에 정착한지 약 400년이 지나면서 장정만 60만 명이 넘는 큰 민족으로 성장하였습니다.

그러나 세월이 흘러 요셉의 치세를 알지 못하는 새로운 파라오가 등장하자 이스라엘 백성들은 탄압을 받기 시작했습니다. 이스라엘 민족이 이집트 제국의 안위에 위협이 된다고 느낀 파라오는 이스라엘 자손들을 노예로 삼아 건설 현장에서 벽돌을 굽는 중노동을 시켰고, 급기야는 태어나는 아이들 중, 남자 아이들은 모두 죽여버리라는 명령을 내렸습니다. 민족말살 정책을 편 것입니다. 이때 이스라엘 민족의 구원자로 선택받은 사람이 바로 모세입니다.

모세의 부모는 파라오의 명령을 어기고 아들의 생명을 구하고자 갓난 아기 모세를 갈대상자에 넣어 나일 강가에 놓아두었습니다. 이때 우연히 이집트 공주가 그 갈대상자를 발견하여 모세를 그녀의 양아들로 삼고 이집트의 왕자로서 최고의 엘리트 교육을 받게 했습니다.

한편 모세의 친어머니 요게벳은 모세의 유모로 고용되어 어린시절부터 모세에게 이스라엘의 하나님에 대하여 그리고 그의 진짜 정체성에 대해 들려주었습니다. 이 모든 것이 이스라엘 백성들을 이집트의 노예 상태에서 구원하시려는 하나님의 큰 그림 속에서 이루어진 일이었습니다.

성인이 된 모세는 어느날 어떤 이집트 관리가 자신의 동족인 이스라엘 사람을 학대하고 있는 장면을 목격하고 분노한 나머지 우발적으로 그 이집트 관리를 죽이고 말았습니다. 자기가 저지른 일에 너무도 당황한 모세는 먼 광야로 도망쳐 버리고 마는데, 그때 모세의 나이가 40세였습니다. 남자 나이 40은 가장 왕성하게 사회활동을 하고, 성취감을 맛보아야 하는 시기였지만 그는 쓸쓸한 광야에서 80세 노인이 될 때까지 외롭고 초라한 목동이 되어 양떼와 함께 시간을 보내야 했습니다.

그러던 어느날 하나님께서 갑자기 모세에게 찾아 오셨습니다.

"모세야, 모세야!"

세상 그 누구도 찾지 않는 은둔자의 생활을 하고 있던 모세에게 하나님은 이스라엘 백성을 이집트에서 이끌어 내어 다시 하나님을 예배하는 백성으로 회복시키라고 명령하셨습니다.

이제는 너무도 무능해져버린 자신의 처지를 누구보다도 잘 알았던 모세는 말도 안된다며 거절했지만 하나님은 모세의 리더십이 아니라 오직 하나님의 능력으로 이스라엘 백성을 구원할 것이라고 말씀하시면서 모세와 함께해 주실 것을 약속합니다. 이 모세의 인생 이야기가 바로 모세오경의 내용입니다.

모세오경은 하나님께서 한 유목민 가족을 이스라엘이라는 큰 민족으로 성장시킨 이야기입니다. 인류를 구원할 메시야가 이스라엘 민족을 통해서 이 세상에 오게 될 것이기 때문이었습니다.

하나님은 의도적으로 아브라함의 자손들을 약 400년 동안 한 곳에 정착하여 살게 하셨고 그 이후에 모세를 지도자로 세워 가나안 땅이라는 곳까지 가도록 인도하셨습니다. 그 과정에서 하나님은 이스라엘 백성들의 정체성을 바로 세워 나가는 일들을 하시기 시작합니다. 다른 모든 민족들과 구별되는 삶을 살 수 있도록 율법을 가르쳐주었고, 이집트의 이교적인 문화에 빠져있던 이스라엘 백성들을 하나님의 군사로 훈련시키셨습니다.

모세오경에는 하나님께서 이집트 제국에 내린 열 가지 재앙에 대한 이야기, 넓은 바다인 홍해에 길을 내셔서 이스라엘 백성들을 안전하게 건너게 해주신 이야기, 사막을 지나던 이스라엘 백성들에게 불기둥과 구름기둥으로 가야할 길을 인도하신 이야기, 하늘에서 만나달콤한 과자와 메추라기를 내려 40년 동안 먹여주신 이야기 등 수많은 하나님의 기적들이 기록되어 있습니다.

이스라엘 백성들이 보낸 광야생활 40년은 이스라엘 백성에게 하나님이 누구신지, 그들의 정체성은 무엇인지, 그리고 하나님의 백성으로서의 정체성을 회복했다면 어떻게 살아가야 하는 것인지를 온 몸과 마음에 새겨넣는 시간이었고 그 시간을 기록한 것이 모세오경입니다.

특히 레위기는 구약시대를 살던 이스라엘 사람들이 거룩하신 하나님과 관계를 다시 회복하고 하나님을 만날 수 있는 유일한 방법인 제사법에 대한 기록입니다. 동물의 피로 드리는 레위기의 제사법은 후에 예수 그리스도께서 십자가를 지시고 우리의 죄를 대신하여 피를 흘리심으로 폐지되었고, 이제부터 하나님과의 관계는 오직 예수님을 믿음으로서만 회복될 수 있게 됩니다.

그렇다면 기원전 1500년 경에 이스라엘 백성들을 위해 쓰여진 모세오경이 오늘날 우리에게도 중요한 이유가 무엇일까요?

구약의 모세오경의 모든 율법과 규례와 예언은 예수 그리스도와 그분의 구원사역을 미리 보여주는 것이었고, 신약시대에 와서 예수 그리스도를 통해 완성되었기 때문입니다. 구약과 신약은 하나의 통일성을 가지고 인류의 구원을 위한 하나님의 약속이 인간의 역사 가운데 어떻게 이루어지고 있는지를 설명해 주고 있습니다.

성경은 처음이시죠?

뿐만 아니라 모세오경에는 하나님께서 인류에게 주신 보편적인 도덕률인 십계명이 기록되어 있습니다. 이 십계명은 오늘을 살고 있는 기독교인들뿐만 아니라 세상의 모든 사람들과 문명 사회에서 절대적인 도덕의 기준이 되었고 모든 자유민주주의 법치국가의 법철학의 토대가 되었습니다.

이스라엘 사람들은 지금도 아이들이 성인식을 치르기 전에 모세오경을 암송하게 한다고 합니다. 모세오경 속에 세상을 다스리시는 하나님의 통치 원리와 하나님의 백성으로서 살아가는데 필요한 지혜가 다들어 있다고 믿기 때문입니다.

2천 년의 긴 방랑 끝에 현대 이스라엘이란 나라를 건국하고 전 세계를 움직이는 영향력 있는 사람들을 수도 없이 배출하고 있는 이스라엘 사람들의 저력이 모세오경을 사랑하고 지켜나간 힘에서 나오는 것이 아닐까 싶습니다.

신명기 10장 12~13절

12 이스라엘아 네 하나님 여호와께서 네게 요구하시는 것이 무엇이냐 곧 네 하나님 여호와를 경외하여 그 모든 도를 행하고 그를 사랑하며 마음을 다하고 성품을 다하여 네 하나님 여호와를 섬기고

13 내가 오늘날 네 행복을 위하여 네게 명하는 여호와의 명령과 규례를 지킬 것이 아니냐

14 모세오경은 어떤 책일까요?

15

십계명 파트 1 "하나님을 사랑하라"

인생을 살아가는데 기준이 되는 절대적인 도덕법이 있을까요? 성경은 그것이 있다고 말하고 구체적으로 하나님께서 주신 열 가지 규범으로 정리해 놓았는데 그것을 십계명이라고 부릅니다.

영국과 미국의 법철학 분야에서는 이런 절대적인 도덕법을 자연법 Natural Law 또는 창조주의 법이라는 말로 표현하기도 하며 이것이 근대 실정법의 토대가 되었다고 인정하고 있습니다.

성경에서 십계명은 출애굽기 20장과 신명기 5장에 두 번이나 나오고 성경에서 유일하게 사람의 손을 빌리지 않고 하나님께서 직접 돌판에 써주신 명령입니다. 그런만큼 십계명은 구약시대의 이스라엘 사람들이나 오늘날 하나님을 믿는 사람들에게만 적용되는 법이 아니라 인간사회가 정상적으로 작동하기 위해 누구나 지켜야하는 절대적인 도덕법으로서의 위상을 가지고 있는 최상위 규범입니다.

십계명은 크게 두 부분으로 나누어집니다. 제1계명부터 제4계명까지는 하나님과의 관계를 규정하고 제5계명부터 제10계명까지는 인간

상호간의 관계를 규율하고 있습니다. 십계명의 내용은 이후에 예수님께서 '하나님 사랑과 이웃 사랑'이라는 두 가지 계명으로 정리해주셨습니다.

십계명의 첫 계명은 '나 외에 다른 신을 네게 두지 말지니라' 입니다.

하나님은 자녀로 창조된 사람들과 하나님 사이에 그 어떤 다른 것도 끼어드는 것을 허용하지 않으시겠다고 하신 것입니다.

세상의 그 무엇이라도 하나님과 나 사이에 끼어들어서 하나님과의 관계에 걸림돌이 되거나 하나님보다 더 사랑하는 대상이 되면 그것은 우상이 되어 결국 하나님과 나 사이를 갈라놓게 됩니다. 그래서 하나님은 가장 먼저 하나님과 인간의 관계를 바로 세워야 할 것을 명령하신 것입니다.

하나님을 묘사하는 성경말씀 중에 '질투하시는 하나님'이라는 표현이 있습니다. 만약 한 남자가 한 여자를 사랑한다고 하면서 그 여자가 다른 남자와 관계를 맺거나 사랑을 나누는 것을 그저 방관하기만 한다면 그 사랑은 진짜 사랑이 아닐 것입니다. 하나님도 마찬가지입니다. 하나님은 우리를 사랑하기 위해 창조하셨고 '나 외에 다른 신을 네게 두지 말지니라'라는 명령을 주심으로 우리를 향한 하나님의 배타적인 사랑, 진정한 사랑을 표현하고 계신 것입니다.

두번째 계명은 '자기를 위하여 새긴 우상을 만들지 말라' 입니다.

하나님은 창조주이시기에 이 세상 어떤 피조물의 형태로도 표현하는 것이 불가능합니다.

그런데 인간에게는 종교심이 있기 때문에 상상력을 발휘하여 어떤 조각상을 만들고 그것을 하나님이라고 부르며 섬기는 경향이 있습니다. 눈에 보이지 않는 하나님보다는 구체적인 형상인 우상을 섬기고 싶은 타락한 본성이 있기 때문입니다. 또한 우상을 만드는 목적도 절대자에 대한 바른 경외감을 표현하기 위해서가 아니라 내가 복 받고 싶고 내가 원하는 것을 얻어 내고 싶어서 그런 모형들을 만드는 것입니다. 그러나 피조물에 불과한 것들을 하나님으로 여기고 섬기는 행위는 창조주 하나님을 모욕하는 행위이자 헛된 일에 인생을 낭비하게 되는 일입니다. 그래서 하나님께서 금지하신 것입니다.

대신 하나님께서는 하나님의 말씀을 기록한 성경을 주셔서 우리가 불안하고 의심이 들 때마다 그 말씀을 붙잡고 믿음으로 살아가기를 원하십니다.

세번째 계명은 '**여호와의 이름을 망령되이 일컫지 말라**' 입니다.

하나님의 이름은 하나님의 정체성과 능력을 표현합니다. 그러므로 알고 그랬든 모르고 그랬든 함부로 하나님의 이름으로 맹세를 하거나, 하나님의 이름을 빙자하여 자신의 욕심과 이기심을 채우는데 이용하거나, 하나님의 이름의 권위를 도용하여 사람들을 미혹하는데 사용해서는 안되는 것입니다.

네번째 계명은 '**안식일을 지켜 거룩하게 하라**' 입니다.

6일동안 천지를 창조하신 하나님께서는 일곱번째 날 모든 일을 그치고 쉬셨습니다. 이 날을 기념하여 안식일로 정하시고 사람들도 일주일

성경은 **처음**이시죠?

의 6일 동안은 열심히 일하고 7일째 되는 날에는 하나님 앞에서 휴식을 취하라고 하신 것입니다.

이집트 땅에서 종살이하던 이스라엘 백성들은 1년 중 단 하루도 맘 편히 쉬는 날이 없었을 것입니다. 고대의 노예에게 규칙적이고 일정한 휴식이란 상상할 수 없는 일이었기 때문입니다.

그런 이스라엘 백성들에게 안식일은 너무도 생소한 개념인 동시에 기쁜 날이자 다시 살아갈 힘을 얻는 날이었을 것입니다. 하나님께서는 이런 안식일의 기쁨을 이스라엘 백성만 누릴 것이 아니라 그들과 함께 하는 모든 사람들, 심지어 가축들까지도 다 함께 누리라고 명령하셨습니다.

그런데 이 안식일을 지키라는 명령이 시간이 갈수록 사람들을 옭죄는 방식으로 변질되어 갔습니다. 그날은 마치 손가락 하나도 까딱해서는 안되는 것처럼 말입니다. 그러자 예수님께서는 사람들에게 형식적인 안식, 꼼짝하지 않고 가만히 있는 것이 안식일을 지키는 일이 아니라 하나님 앞에서 사람들의 생명이 살아나고 기쁨이 회복되는 것이 진정한 의미의 안식일인 것을 직접 보여주시려 안식일에 병자를 고치시는 등의 일들로써 의도적으로 안식일 규정을 깨뜨리셨습니다. 당시 유대교 종교지도자들의 비판과 미움을 불사하고서도 말입니다. 그리고는 사람이 안식일을 위해 존재하는 것이 아니라 안식일이 사람을 위해 있는 것이라고 말씀해 주셨습니다.

십계명을 보면 각 계명에 담긴 하나님의 마음을 읽을 수 있습니다. 십계명은 폭군같은 하나님이 백성들을 억압하기 위해 만들어 낸 강제적인 법률 규정이 아니라 사랑이 많은 하늘 아버지께서 어떻게 사는 것이 가장 인간답게 살아가는 것인지를 가르쳐주신 인생의 매뉴얼입니다.

십계명의 처음 네 계명을 지키면서 사람들은 하나님을 경외하고, 사랑하는 삶을 살아감으로써 죄로 인해 끊어졌던 하나님과의 관계를 회복할 수 있게 됩니다. 그리고 그렇게 하나님과의 관계가 회복된 사람들은 그 힘으로 나머지 여섯 계명을 지키면서 이웃과 사회를 회복시킬 수 있게 되는 것입니다. 이렇듯 십계명에는 나와 이웃이 함께 인간다운 삶을 누릴 수 있게 하시려는 하나님의 놀라운 축복이 숨겨져 있습니다.

출애굽기 20장 1~11절

1 하나님이 이 모든 말씀으로 일러 가라사대

2 나는 너를 애굽 땅, 종 되었던 집에서 인도하여 낸 너의 하나님 여호와로라

3 너는 나 외에는 다른 신들을 네게 있게 말찌니라

4 너를 위하여 새긴 우상을 만들지 말고 또 위로 하늘에 있는 것이나 아래로 땅에 있는 것이나 땅아래 물속에 있는 것의 아무 형상이든지 만들지 말며

5 그것들에게 절하지 말며 그것들을 섬기지 말라 나 여호와 너의 하나님은 질투하는 하나님인즉 나를 미워하는 자의 죄를 갚되 아비로부터 아들에게로 삼 사대까지 이르게 하거니와

6 나를 사랑하고 내 계명을 지키는 자에게는 천대까지 은혜를 베푸느니라

7 너는 너의 하나님 여호와의 이름을 망령되이 일컫지 말라 나 여호와는 나의 이름

을 망령되이 일컫는 자를 죄 없다 하지 아니하리라

8 안식일을 기억하여 거룩히 지키라

9 엿새 동안은 힘써 네 모든 일을 행할 것이나

10 제 칠일은 너의 하나님 여호와의 안식일인즉 너나 네 아들이나 네 딸이나 네 남종이나 네 여종이나 네 육축이나 네 문안에 유하는 객이라도 아무 일도 하지 말라

11 이는 엿새 동안에 나 여호와가 하늘과 땅과 바다와 그 가운데 모든 것을 만들고 제 칠일에 쉬었음이라 그러므로 나 여호와가 안식일을 복되게 하여 그 날을 거룩하게 하였느니라

16

십계명 파트 2 "네 이웃을 네 몸과 같이 사랑하라"

'하나님을 사랑하라'는 주제를 가진 처음 네 계명에 이어 십계명의 제5계명부터 제10계명은 사람들이 가장 사람답게, 그리고 아름답게 살아가기 위해 상호간에 지켜야 할 규범들입니다.

태아나서 처음 맺게 되는 인간관계는 부모와 자녀와의 관계입니다. 어떤 사람도 부모가 없이 이 세상에 태어나는 법은 없기 때문입니다. 그래서 십계명에서 인간관계를 다루는 첫번째 계명이 '네 부모를 공경하라'입니다.

대부분의 부모들은 자녀들을 사랑하고 헌신적으로 뒷바라지를 하려고 애쓰지만 타락한 세상 속에는 공경은 고사하고 손가락질을 받아 마땅한 부모들도 있는 것이 사실입니다. 이런 현실에도 불구하고 하나님께서 '부모를 공경하라'는 것을 인간관계의 첫번째 계명으로 주신데에는 이유가 있는 것 같습니다.

부모는 그가 원했든, 원하지 않았든 하나님의 창조 사역에 동참한 사람들입니다. 하나님께서는 하나님의 형상으로 하나님의 거룩한 기대와 소망을 담은 한 생명을 이 땅에 보내실 때에 부모를 사용하셨고, 이 생명이 부모의 그늘 아래 안전하게 자라도록 가정이라는 보금자리를 주셨습니다. 비록 타락으로 인해 가정이 원래의 목적을 온전히 수행할 수 없게 되었을지라도 여전히 한 생명이 가장 건강하게 자랄 수 있는 유일한 환경은 역시 가정입니다. 그러므로 이 질서 속에서 자녀는 부모의 권위를 존중하고 부모를 공경해야 합니다. 단지 부모라는 이유 하나만으로 말입니다.

십계명 중에서 계명을 지키면 하나님께서 직접 축복을 주겠다고 언급하신 것도 제5계명이 유일합니다. 부모가 비록 존경받을 만한 품행과 인격을 갖추지 못했다 하더라도, 그 부모의 어떠함이 아니라 하나님의 말씀에 자신의 의지를 드려 순종하는 자에게 장수와 복을 누리게 해주시겠다고 말입니다.

살인이나 도둑질은 하지 않았다고 칭찬을 받지는 않습니다. 그런 행동은 마땅히 하지 않아야 할 행동입니다. 그러나 불완전한 부모의 모습에도 불구하고 부모를 공경하는 일은 자녀의 입장에서 참 어려운 일입니다. 그러니 하나님께 순종하는 마음으로 그 어려운 일을 해내는 사람에게는 복을 주시겠다고, 그것도 하나님께서 직접 챙겨주시겠다고 약속하신 것일 겁니다.

물론 부모가 하나님의 법을 어기는 경우에 부모를 위해 자녀가 부모에게 불순종해야 하는 경우도 있고, 자녀가 오히려 부모에게 조언을 드려야 하는 경우도 있지만 대부분의 평범한 삶에서는 자녀는 부모를 공경하고 부모는 자녀를 인격적으로 대하여 화나게 하지 않는 사랑의 관계가 지켜져야 합니다. 그것이 가정을 지키는 일이고, 가정을 지키는 일이 인간사회를 지키는 일이기 때문입니다.

제6계명부터 제9계명은 살인하지 말고, 도둑질하지 말고, 간음하지 말고, 이웃에 대해 거짓으로 증언하지 말라는 명령입니다. 이 계명들은 모든 문명사회가 질서있게 운영되기 위한 도덕적 기초가 됩니다.

마지막 제10계명은 특이하게도 사람의 행위가 아니라 마음의 상태를 규율하는 법으로써 '네 이웃의 소유를 탐내지 말라'는 명령입니다. '욕심이 잉태하여 죄를 낳고 죄가 장성하여 사망을 낳는다^{야고보서 1장} ^{15절}'는 성경말씀이 있습니다. 인간의 탐심이 모든 죄악의 뿌리이니 탐심을 지극히 경계하라는 뜻입니다.

세상의 인본주의 사상 가운데 인간의 탐심을 제도적으로 제어하여 지상의 천국, 유토피아를 건설하려고 시도했던 것이 공산주의였습니다.

공산주의자들은 개인이 사유재산을 갖는 것을 금지하는 대신 공산당이나 국가가 모든 것을 소유하고 배분하는 방식으로 사회의 경제체제를 재구성하고자 했습니다. 또한 교육을 통해 인간의 정신을 개조하면 탐심을 억제할 수 있고 누구나 행복하게 능력만큼 일하며 필요한만큼 분배받는 평등하고 정의로운 사회를 이룰 수 있다고 믿었던 것입니다.

그러나 역사는 인간의 본성인 이기심과 탐심에 대한 인식이 없이 공산주의라는 매우 낙관적인 사회공학적 실험을 한 결과, 공산주의 체제가 지배하던 모든 나라는 경제가 파탄이 났고 1억 명이 넘는 사람들이 굶어 죽거나 숙청을 당하는 등, 20세기가 온통 피바다가 되었다는 사실을 증거합니다. 인간의 노력으로 인간의 죄성인 탐심을 제거할 수는

성경은 처음이시죠?

없다는 것을 값비싼 피의 대가를 치르고서야 비로소 알게 된 셈입니다.

인간의 본성 속에 깊이 뿌리 박혀 있는 탐심은 창조주 하나님 앞에 무릎을 꿇고 그분의 말씀에 순종하기로 결정한 사람들에게 하나님께서 부어 주시는 이웃에 대한 사랑의 마음으로만 제어가 가능합니다. 자신의 마음 상태까지도 하나님께 순종하려는 의지를 가진 사람만이 탐심을 억누르고 더 나아가 자기의 것까지도 나눌 수 있게 되는 것이라는 뜻입니다.

인간의 내면을 변화시키지 못한 채 사회구조나 체제의 변혁을 통해 세상을 바꾸어보려던 인류 역사상 모든 시도는 실패로 끝났습니다. 십계명의 마지막 계명은 하나님 앞에서 개개인이 자신의 마음 상태를 점검하고 바르게 살아갈 때 비로소 사회가 질서있고 평화롭게 운영된다는 근본원리를 가르쳐 주신 것입니다.

십계명은 지금으로부터 약 3,500년 전에 쓰여진 것이지만 오늘을 살고 있는 우리에게도 절대적인 도덕의 기준입니다. 이 세상에 절대적인 도덕의 기준 같은 것은 없고, 오직 인간의 선호와 선택만이 삶의 기준이 된다고 항변하는 이 시대에 수천 년이 지나도 변함없이 그 자리에 서 있는 도덕법이 십계명입니다. 앞으로도 십계명은 예수님께서 다시 오실 그날까지 그 자리에 그대로 서서 인간에게 죄를 깨닫게 하고, 하나님과 이웃을 진정으로 사랑하는 방법이 무엇인지를 가르쳐 줄 것입니다.

하나님께서는 모든 계명이 다 우리의 행복을 위한 것이라고 말씀하셨습니다. 십계명을 지키며 하나님의 말씀대로 순종하는 것은 하나님을 위해서가 아니라 궁극적으로는 우리 자신의 행복한 삶을 위한 일이

16 십계명 파트 2 "네 이웃을 네 몸과 같이 사랑하라"

라는 것입니다.

　하나님의 말씀대로 살아야 부모와 자식간의 관계가 회복되고 가정이 살아납니다. 하나님의 말씀대로 살아야 이 사회에서 폭력과 착취가 사라집니다. 하나님의 말씀대로 살아야 시기와 질투 대신 사랑과 공의가 흘러 넘치게 됩니다. 그 모든 기초는 하나님을 사랑하고 경외하는 마음입니다. 이 마음을 품고 십계명을 지켜나갈 때 우리는 하나님의 형상을 회복하는 온전한 삶을 살 수 있게 될 것입니다.

출애굽기 20장 12~17절

12 네 부모를 공경하라 그리하면 너의 하나님 나 여호와가 네게 준 땅에서 네 생명
　이 길리라

13 살인하지 말찌니라

14 간음하지 말찌니라

15 도적질하지 말찌니라

16 네 이웃에 대하여 거짓 증거하지 말찌니라

17 네 이웃의 집을 탐내지 말찌니라 네 이웃의 아내나 그의 남종이나 그의 여종이
　나 그의 소나 그의 나귀나 무릇 네 이웃의 소유를 탐내지 말찌니라

First time with the Bible

⟨Moses Smashing the Tablets of the Law⟩
Rembrandt van Rijn, 1659

> 내가 율법이나 선지자나
> 폐하러 온 줄로 생각지 말라
> 폐하러 온 것이 아니요
> 완전케 하려 함이로라
>
> **마태복음 5장 17절**

다윗 왕 이야기

성경의 중심 주제는 하나님의 형상으로 창조된 인간이 죄를 지어 타락을 했고, 죗값을 치르고 심판을 받을 수 밖에 없는 상태가 되었는데 하나님께서 예수님을 보내셔서 심판에서 구원을 받을 수 있는 길을 여셨다는 것입니다.

이 구원의 대서사시에는 많은 인물들이 등장합니다. 하나님께 믿음의 조상으로 선택받은 아브라함, 큰 민족을 이룬 이스라엘 사람들을 안정된 거주지까지 인도한 모세, 그리고 그곳에서 예수님이 오실 때까지 이스라엘 백성들을 지도하고 다스렸던 여러 재판관들과 왕들 말입니다.

이들 중 다윗 왕은 이스라엘 역사상 가장 위대한 왕인 동시에 예수님의 직계조상으로서 하나님의 영원한 구원에 대한 약속을 다시 한번 확인받은 사람이라는 점에서 이스라엘 역사와 메시야의 구원사의 흐름에서 중요한 지점을 차지하고 있는 사람입니다.

아브라함의 손자이자 야곱의 열두 아들 중 네번째 아들이었던 유다는 자신의 후손에게서 메시야가 날 것이란 예언을 받았고 유다지파의 조상이 되었습니다. 유다지파의 후손인 이새의 아들이었던 다윗은 들에서 양을 치며 지내다가 팔레스타인의 거인 장수 골리앗을 물리치면서 단번에 이스라엘을 구한 민족의 영웅으로 떠올랐습니다.

다윗은 백성들의 많은 사랑을 받았고 이스라엘의 초대 임금 사울 왕의 사위가 되는 등 승승장구하는 인생을 살 것처럼 보였습니다. 그러나 다윗의 국민적 인기를 시기하고 왕권에 불안을 느낀 사울 왕이 다윗을 죽이려 하면서 자신을 따르는 무리들을 이끌고 광야와 동굴 등에서 10년 동안이나 도피생활을 했습니다. 그러나 이 고난의 시간은 다윗의 신앙과 인격이 다듬어지는 귀중한 시간이었습니다.

사울 왕이 죽고 난 후, 다윗은 이스라엘 백성들의 지지 속에 왕이 되었고 수많은 전쟁에서 많은 승리와 물질적인 풍요를 이스라엘 백성들에게 가져다 주었습니다.

성공한 임금이었던 다윗은 자신은 화려한 궁전에 살면서 하나님의 임재를 상징하는 언약궤는 여전히 천막처럼 생긴 성막 안에 놓여 있다는 사실에 마음이 쓰여 멋진 성전을 지어 하나님께 바치려고 했습니다. 그러나 하나님께서는 다윗이 성전을 짓는 것을 허락하지 않으시고 그 마음만 받겠다고 하셨습니다. 왜냐하면 다윗의 손에는 전쟁을 치르면서 너무 많은 피를 묻혔기에 거룩하신 하나님의 성전을 지을 수가 없었기 때문입니다. 대신 하나님께서는 그의 아들 솔로몬의 때, 평화를 누리는 시기에 성전을 지을 수 있도록 허락해주시기로 하셨습니다.

하나님을 향한 다윗의 믿음과 헌신을 대견하게 보신 하나님께서는 다윗에게 '하나님의 마음에 합한 사람'이라는 엄청난 별명을 붙여주셨고, 다윗의 왕위가 그의 후손에게 영원히 보존되고 견고하게 세워질 것이라는 약속을 해 주셨습니다. 이것은 다윗의 후손 중에 진정한 왕이요 구원자가 나올 것이고 그 구원자가 다스릴 왕국은 영원할 것이라는 약속이었습니다.

하나님의 역사는 인간의 시간 개념을 초월하여 이루어집니다.

인류의 조상 아담과 이브에게 여자의 후손으로 올 메시야가 인류를 구원할 것이라고 약속해 주신 이래, 기원전 2000년 경에 아브라함이라는 사람을 선택하여 그 약속을 구체화시키셨고 기원전 1000년 경에 다윗에게 그의 혈통에서 진정한 메시야가 태어나게 될 것이라고 말씀하심으로 아브라함과의 약속을 다시 한번 확인시켜주셨습니다. 그리고 다윗으로부터 약 천 년 후에 약속하신대로 예수님을 이 땅에 보내주셨습니다. 이 예수 그리스도의 탄생을 기준으로 인류의 역사는 BC^{주님이 오시기 전}와 AD^{주님의 해}로 나누어지게 됩니다.

지금은 인류의 구원자로, 진정한 왕으로 오신 예수님에 대한 소문이 온 세상을 뒤덮은지 약 2천 년 이상이 지난 때입니다. 성경은 십자가에서 죽으셨다가 다시 살아나셔서 하늘나라에 가셨던 예수님이 세상의 끝날에 다시 오실 것이라고 예언하고 있습니다. 다윗의 자손이 영원히 이 세상을 다스리게 될 것이란 그 예언은 예수님께서 다시 오셔서 영원히 다스리게 되는 때에 반드시 이루어질 것이라고 말입니다.

사무엘하 7장 16~17절

16 네 집과 네 나라가 내 앞에서 영원히 보전되고 네 위가 영원히 견고하리라 하셨
다 하라

성경은 **처음**이시죠?

17 나단이 이 모든 말씀과 이 모든 묵시대로 다윗에게 고하니라

이사야 11장 1~9절

1 이새의 줄기에서 한 싹이 나며 그 뿌리에서 한가지가 나서 결실할 것이요

2 여호와의 신 곧 지혜와 총명의 신이요 모략과 재능의 신이요 지식과 여호와를 경외하는 신이 그 위에 강림하시리니

3 그가 여호와를 경외함으로 즐거움을 삼을 것이며 그 눈에 보이는대로 심판치 아니하며 귀에 들리는대로 판단치 아니하며

4 공의로 빈핍한 자를 심판하며 정직으로 세상의 겸손한 자를 판단할 것이며 그 입의 막대기로 세상을 치며 입술의 기운으로 악인을 죽일 것이며

5 공의로 그 허리띠를 삼으며 성실로 몸의 띠를 삼으리라

6 그 때에 이리가 어린 양과 함께 거하며 표범이 어린 염소와 함께 누우며 송아지와 어린 사자와 살찐 짐승이 함께 있어 어린 아이에게 끌리며

7 암소와 곰이 함께 먹으며 그것들의 새끼가 함께 엎드리며 사자가 소처럼 풀을 먹을 것이며

8 젖먹는 아이가 독사의 구멍에서 장난하며 젖뗀 어린 아이가 독사의 굴에 손을 넣을 것이라

9 나의 거룩한 산 모든 곳에서 해됨도 없고 상함도 없을 것이니 이는 물이 바다를 덮음 같이 여호와를 아는 지식이 세상에 충만할 것임이니라

《David Playing the Harp in front of Saul》
Rembrandt van Rijn, 1630~1631

"

다윗을 왕으로 세우시고 증거하여 가라사대
내가 이새의 아들 다윗을 만나니
내 마음에 합한 사람이라
내 뜻을 다 이루게 하리라 하시더니

사도행전 13장 22절

"

18

인류의 구원자, 메시야는 어떤 모습일까요?

이스라엘 백성들은 약소국의 국민으로 살면서 핍박을 많이 받았었기 때문에 늘 이스라엘 국가를 굳건한 반석 위에 세우고, 이스라엘에게 구원과 번영을 가져다 줄 '왕', 또는 '구원자'를 기대하였습니다.

그리고 하나님께서는 많은 선지자들을 통해 계속해서 그들이 기다리고 있는 메시야그리스도 '기름부음을 받은 자'가 올 것이라고 말씀해주셨기 때문에 이스라엘 사람들의 입장에서는 매번 새로운 왕이 등극할 때마다 '이 사람이 바로 하나님께서 말씀하셨던 다윗과 같은 왕이자 우리의 메시야일까?' 하고 기대했지만 실망하기만을 거듭했습니다.

이런 이스라엘 백성들에게 하나님께서는 이사야 선지자를 통해 이 세상의 왕들에게는 기대할 것이 없고, 이스라엘 백성을 궁극적으로 구원하며 하나님의 뜻을 완성하고 성취할, 차원이 다른 메시야에 대한 예언을 주셨는데 그 예언의 주인공이 바로 온 인류의 구원자 되시는 예수 그리스도입니다.

구약성경에는 장차 오실 메시야에 대한 예언이 많이 나와있지만 기원전 약 739~680년 사이에 활동했던 이사야 선지자가 쓴 이사야서 42, 49, 50, 52, 53장 등에 매우 구체적으로 묘사되어 있고 특히 이사야서 53장은 앞으로 이 세상에 오시게 될 메시야의 성품과 사명, 그리고 십자가 사건과 부활을 가장 정확하게 묘사한 예언으로 유명합니다.

이사야 선지자의 예언처럼 예수님은 세상의 왕들과는 달리 연약해 보이고, 풍채도 없고, 인간의 눈에 흠모할 만한 어떤 것도 가지지 않은 분이었습니다. 예수님은 사람들에게 멸시를 받으시고 고난을 당하셨는데 사람들은 그가 하나님께 무엇인가 잘못한 일이 있어서 벌을 받는 것이라고 생각했습니다.

또한 예수님께서는 목자 잃은 양처럼 우왕좌왕하며 어리석음 가운데서 죄를 짓고, 허물가운데 사는 인류를 대신하여 십자가에서 죽으심으로 죗값을 대신 치뤄주셨습니다. 그런데 그 세대의 사람들은 많은 예언에도 불구하고 이런 사실을 전혀 깨닫지 못한 채, 예수님을 비웃고 조롱하며 고문했습니다. 그러나 예수님은 자신이 이 땅에 오셔야만 했던 이유를 누구보다도 잘 알고 계셨기 때문에 굳이 변명하려 하시지 않고 그 모든 수치를 감당하시고 사명을 완수하셨습니다.

이사야 선지자의 예언대로 예수님은 두 명의 악인과 함께 십자가에 달려 죽으셨고, 아리마대 요셉이라는 부자가 마련한 묘실에 장사 지낸 바 되셨다가 사흘만에 부활하셨습니다.

실제로 예수님께서는 본격적인 구원 사역을 시작하시는 신호탄으로 성전에 들어가서 이사야서 61장 말씀을 읽으시면서 이 땅에서 오신 메시야로서 자신이 어떤 일을 할 것인지에 대해 공식적으로 선포하셨습니다. '가난한 자들에게 아름다운 소식을 전하시고, 마음이 상한 자를 고치시며, 포로된 자에게 자유를, 갇힌 자에게 놓임을 전파하며 여호와의 은혜의 해와 우리 하나님의 신원의 날을 전파하여 모든 슬픈 자를 위로하실 것'이라고 말입니다.

지금도 이스라엘 사람들은 이 땅에서 이스라엘을 강대국으로 만들어 줄 구원자, 정치적인 메시야를 기다리고 있습니다. 그래서 정통 유대교인들은 이사야서 53장을 일부러 읽지도 않고 가르치지도 않는다고 합니다. 이사야서 53장의 예언은 그들이 원하고 기다리는 메시야상과는 너무도 동떨어져 있는 반면 그들이 십자가에 못 박아 죽인 예수님의 모습과는 너무도 정확하게 일치하기 때문입니다.

이스라엘 사람들은 선민의식을 가지고 있습니다. 하나님이 택하신 특별한 민족이라는 자부심입니다. 그러나 하나님께서 이스라엘 백성을 선택하신 이유는 그들이 다른 민족보다 잘나거나 뛰어나서가 아니라 오히려 세상에서 볼 때 숫자도 적고 연약한 민족이었기 때문이었다고 신명기 7장 7절에 기록되어 있습니다. 모든 인류를 죄에서 구원하시고자 하는 하나님의 위대한 계획이 가장 연약한 민족을 통해 이루어질 것이라는 것은 인간적으로 볼 때 잘 이해가 가지 않는 아이러니한 일입니다. 그러나 이스라엘은 온 인류의 구원을 위한 '축복의 통로'라는 자기 정체성을 깨닫지 못한 채 여전히 자신들만을 위한 메시야를 기다리고 있습니다.

다행스럽게도 이들 가운데에도 '메시아닉 주Messianic Jews'라고 불리우는 사람들이 점점 더 많아지고 있다고 합니다. 이들은 다윗의 자손으로 태어난 예수님을 메시야로 인정하는 유대인들입니다. 이들은 예수 그리스도께서는 이스라엘 민족만을 구원하기 위한 메시야가 아니라 전 인류를 죄의 속박에서 자유케 하시고, 죽음에서 구원하셔서 영원한 생명을 주실 메시야라는 사실을 믿음으로 고백하고 있습니다.

언젠가 이스라엘 사람들 모두가 예수님에 대한 편견과 오해를 버리고 성경에 예언된 그대로 오셨던 예수 그리스도께로 돌아오는 날이 반드시 올 것입니다.

이사야 53장 1~12절

1 우리의 전한 것을 누가 믿었느뇨 여호와의 팔이 뉘게 나타났느뇨

2 그는 주 앞에서 자라나기를 연한 순 같고 마른 땅에서 나온 줄기 같아서 고운 모양도 없고 풍채도 없은즉 우리의 보기에 흠모할만한 아름다운 것이 없도다

3 그는 멸시를 받아서 사람에게 싫어 버린바 되었으며 간고를 많이 겪었으며 질고를 아는 자라 마치 사람들에게 얼굴을 가리우고 보지 않음을 받는 자 같아서 멸시를 당하였고 우리도 그를 귀히 여기지 아니하였도다

4 그는 실로 우리의 질고를 지고 우리의 슬픔을 당하였거늘 우리는 생각하기를 그는 징벌을 받아서 하나님에게 맞으며 고난을 당한다 하였노라

5 그가 찔림은 우리의 허물을 인함이요 그가 상함은 우리의 죄악을 인함이라 그가 징계를 받음으로 우리가 평화를 누리고 그가 채찍에 맞음으로 우리가 나음을 입었도다

6 우리는 다 양 같아서 그릇 행하여 각기 제 길로 갔거늘 여호와께서는 우리 무리의 죄악을 그에게 담당시키셨도다

7 그가 곤욕을 당하여 괴로울 때에도 그 입을 열지 아니하였음이여 마치 도수장으로 끌려가는 어린 양과 털 깎는 자 앞에 잠잠한 양 같이 그 입을 열지 아니

18 인류의 구원자, 메시야는 어떤 모습일까요?

하였도다

8 그가 곤욕과 심문을 당하고 끌려 갔으니 그 세대 중에 누가 생각하기를 그가 산 자의 땅에서 끊어짐은 마땅히 형벌 받을 내 백성의 허물을 인함이라 하였으리요

9 그는 강포를 행치 아니하였고 그 입에 궤사가 없었으나 그 무덤이 악인과 함께 되었으며 그 묘실이 부자와 함께 되었도다

10 여호와께서 그로 상함을 받게 하시기를 원하사 질고를 당케 하셨은즉 그 영혼을 속건제물로 드리기에 이르면 그가 그 씨를 보게 되며 그 날은 길 것이요 또 그의 손으로 여호와의 뜻을 성취하리로다

11 가라사대 그가 자기 영혼의 수고한 것을 보고 만족히 여길 것이라 나의 의로운 종이 자기 지식으로 많은 사람을 의롭게 하며 또 그들의 죄악을 친히 담당하리라

12 이러므로 내가 그로 존귀한 자와 함께 분깃을 얻게 하며 강한 자와 함께 탈취한 것을 나누게 하리니 이는 그가 자기 영혼을 버려 사망에 이르게 하며 범죄자 중 하나로 헤아림을 입었음이라 그러나 실상은 그가 많은 사람의 죄를 지며 범죄자를 위하여 기도하였느니라 하시니라

19

예수님은 누구실까요?

하나님께서는 최초의 인간 아담 이래로 타락한 당신의 자녀들을 구원하기 위해 아브라함과 그의 후손인 이스라엘 백성을 선택하셨습니다. 이스라엘 백성들은 이 세상에서 하나님의 나라와 그의 백성이 어떠해야 하는지를 보여주는 롤모델로, 또한 인류 구원을 위한 축복의 통로로 선택을 받았지만 그 역할을 제대로 하지 못하였습니다.

그러나 구약의 마지막 성경인 말라기는 메시야의 도래와 이를 예비할 또 다른 선지자의 출현을 예언함으로써 하나님의 구원 역사가 이제부터 본격적으로 펼쳐질 것을 예고하고 있습니다. 세례요한의 등장과 회개를 위한 외침으로부터 시작하여 죽음의 권세를 무너뜨리고 죄와 죽음에서 인류를 구원하는 예수님의 사역이 본격적으로 시작될 뿐만 아니라 완성될 것이라고 말입니다.

신약성경에는 예수 그리스도의 생애를 기록한 4복음서가 있습니다. 마태, 마가, 누가, 요한이 각각 집필한 성경입니다. 그 중에서도 요한복음은 예수님의 '신성 Deity'에 대해 집중적으로 소개하고 있는 복음서입니다.

요한복음 1장의 전반부는 '태초에 말씀이 계시니라'라는 선언으로 시작됩니다. 마치 구약성경의 창세기가 1장 1절의 말씀인 '태초에 하나님이 천지를 창조하시니라'라고 시작되는 것처럼 말입니다. 이 선언을 통해 예수님의 제자 요한은 예수님이 어떤 분인지를 명확히 설명하고 있습니다.

요한은 하나님께서 태초에 천지를 말씀으로 창조하셨고, 태초부터 그 '말씀이 하나님과 함께 계셨다'라고 말합니다. 그리고 그 말씀이 인간의 모습으로 오신 분, 말씀이 육신이 되어 사람들 가운데 함께 사셨던 분이 예수님이라고 소개합니다. 따라서 예수님은 태초부터 하나님과 함께 계셨던 창조주인 것입니다. 그래서 예수님을 보면 하나님의 영광을 볼 수 있다고 한 것입니다.

그렇다면 예수님께서 이 땅에 오신 목적은 무엇이었을까요? 요한복음 3장 16절에는 '하나님이 세상을 이처럼 사랑하사 독생자를 주셨으니 이는 저를 믿는 자마다 멸망치 않고 영생을 얻게 하려 하심'이라고 기록되어 있습니다.

성경은 구약시대부터 지금까지의 인류의 역사를 창조, 타락, 구속의 관점에서 바라보며 이를 하나님의 구원의 역사 또는 '구속사'라고 말합니다. 인간적인 눈으로 볼 때에는 인류의 문명은 더 편리하고, 효율적인 사회, 더 풍요로운 사회로 지금까지 진보해 온 것 같습니다. 그러나 성경적인 관점에서 볼 때에는 하나님의 자녀로 창조된 인간이 하나님께 불순종함으로 죄의 종이 되었고, 아무런 희망도 없이 그 상태 그대로 지금까지 살아온 것이 인류 역사의 실체입니다.

이러한 절망 가운데 있는 인류를 구원하기 위해 하나님께서 인간의

124
성경은 처음이시죠?

몸을 입고 직접 이 세상에 오신 분이 바로 예수님이십니다.

예수님께서 이 세상에 오신 이유는 단 하나, 사람들을 너무 사랑하시기 때문입니다. 인류의 조상 아담의 불순종 이후, 사람들은 하나님과의 관계가 깨어진 채로 어둠 가운데 살다가 결국 죽을 수 밖에 없는 존재가 되었습니다. 그리고 그 깨어진 관계의 틈으로 다른 우상들이 자리를 잡아 인간의 영혼을 더욱 메마르게 하였고 끝없는 영혼의 목마름을 채워 넣기 위해 애쓰며 살아가는 존재로 만들어 버렸습니다. 그런 인간들을 사랑하셔서 다시 하나님과 관계를 회복시켜 하나님의 자녀가 되게 하시고, 하나님과 함께 영원히 살게 하고 싶어서 하나님 자신이 이 땅에 직접 오신 것입니다.

하나님은 모세를 통해 율법을 주셨습니다. 만약 아브라함의 혈통적 자손인 이스라엘 민족이 하나님의 율법과 언약을 지키고 아브라함의 믿음대로 하나님께 순종하여 이 땅에서 하나님의 백성이 될 수 있는 길을 열었다면 예수님이 이 땅에 오실 필요가 없었을 것입니다.

그러나 하나님께서는 이스라엘의 역사를 통하여 인간의 능력으로는 율법과 언약을 지킬 힘이 없다는 사실을 처절하게 보여주셨고 결국 하나님께서 직접 인류를 구원하시기 위해 이 땅에 오신 것입니다.

세례요한은 예수님을 바라보면서 '세상 죄를 지고 가는 하나님의 어린 양'이라고 증언하였습니다. 이스라엘 백성들은 거룩하신 하나님과의 관계를 회복하기 위해 매번 자신의 죄를 대신할 수 있는 속죄의 제물을 바쳐야 했습니다. 주로 어린 양이 제사의 제물로 사용되었습니다.

그러나 예수님은 단 한 번 자신의 몸을 드리는 제사로 이 세상의 모든 죄를 대신하기 위해 십자가를 지셨습니다. 누구든지 예수님이 이 땅에 오신 하나님이심을 믿고, 예수님께서 자신의 죗값을 다 치루어주셨음을 믿고, 예수님을 자신의 삶의 주인으로 받아들이기만 하면 하나님의 자녀가 되는 권리를 주신 것입니다. 이것이 세상 모든 사람에게 하나님께서 주시는 기쁨의 좋은 소식, '복음Good News'입니다.

예수님은 '나는 길이요, 진리요, 생명'이라고 말씀하셨습니다. 이 말씀은 오직 예수님을 통해서만 창조주 하나님께 다시 나아갈 길이 있고, 예수님의 말씀만이 진리이며, 예수님께로 가야만이 영원한 생명을 얻을 수 있다는 뜻입니다.

세상에는 많은 종교와 훌륭한 도덕적 가르침들이 있습니다. 이 모든 것들은 각각 그 속에 가장 인간답게 살 수 있게 해주고, 진리를 깨닫게 하며, 영원한 삶을 누리게 할 만한 다른 것들이 있다고 말합니다. 그것들 속에도 약간의 진리와 어느 정도의 지혜와 선이 있기는 합니다.

그러나 성경은 예수님이 아닌 다른 구원의 길은 없고, 예수님이 아닌 다른 진리는 없고, 예수님으로부터 기원하지 않은 생명은 없다고 분명하게 말씀하십니다. 너무 독선적으로 들리는 말인가요? 그러나 이것이 진리라면 어떻게 하시겠습니까? 진리는 본질적으로 배타적이기 때문에 어떤 것이 진리이면 그 밖의 다른 모든 것들은 비진리이거나 진리의 일부일 뿐입니다.

요한복음 1장 14~18절

14 말씀이 육신이 되어 우리 가운데 거하시매 우리가 그 영광을 보니 아버지의 독생자의 영광이요 은혜와 진리가 충만하더라

15 요한이 그에 대하여 증거하여 외쳐 가로되 내가 전에 말하기를 내 뒤에 오시

는 이가 나보다 앞선 것은 나보다 먼저 계심이니라 한 것이 이 사람을 가리킴이

라 하니라

16 우리가 다 그의 충만한데서 받으니 은혜 위에 은혜러라

17 율법은 모세로 말미암아 주신 것이요 은혜와 진리는 예수 그리스도로 말미암아

온 것이라

18 본래 하나님을 본 사람이 없으되 아버지 품속에 있는 독생하신 하나님이 나타내

셨느니라

19 예수님은 누구실까요?

20

예수님은 왜 인간으로 오셨을까요?

요한복음에는 예수님께서 '말씀이 육신이 되어 우리 곁에 오신 하나님요한복음 1장 14절'이라고 기록되어 있습니다. 이것은 예수님의 또 다른 이름, '임마누엘하나님이 우리와 함께 하신다'이 의미하는 바입니다.

창조, 타락, 구속의 역사 속에서 예수님께서는 부서지고 왜곡된 세상 가운데 살아가고 있는 하나님의 자녀들을 구원하시고자 이 세상에 오셨습니다. 그런데 왜 하필 하나님은 인간의 모습으로 이 땅에 오시는 번거로운 방법을 택하신 것일까요?

그 이유는 예수님께서는 인간이 어떤 존재인지 아셨기 때문입니다. 우리의 창조주가 되신 예수님께서는 고통과 두려움, 질병, 분노, 심지어 불신앙으로 고민하고 씨름하는 연약한 사람들의 아픔에 공감하시고 참아주시며 끝까지 사랑하시기 위해 스스로 낮아지셔서 인간의 모습으로 이 땅에 오신 것입니다.

예수님께서는 하나님과 관계가 깨어진 우리의 상태를 너무나 잘 알고 계시기에 우리와 같은 사람의 모습으로 오셔서 우리를 위로하시고,

우리가 능히 이 세상에서 승리하며 살아 갈 수 있도록 도우시기 원하셨고 지금도 돕고 계시는 것입니다.

무엇보다도 예수님은 인간이 가장 두려워하는 죽음의 문제를 해결하기 위해 인간으로 오셨습니다. 죄의 종이 된 인간의 운명은 일평생 죽음의 공포와 그 세력 안에서 두려움에 떨며 살아가다 결국 지옥에 가는 것 밖에는 다른 선택지가 없었습니다.

이 문제를 해결하기 위해 예수님께서 인간의 몸으로 십자가에서 죽으셨고, 사흘만에 새로운 몸으로 부활하셔서 죽음의 권세를 무너뜨리고 우리를 죽음에서 해방시키셨던 것입니다. 예수님께서 인간으로서 죽음을 극복하신 첫 사례가 되어주심으로 모든 사람들은 예수님을 통해 죽음을 극복할 수 있는 존재가 되었습니다.

세상의 다른 신들은 그들을 섬기기를 요구하며 '복'을 두고 거래하기를 제안합니다. 그러나 예수님께서는 우리를 돌보시고 사랑하기 위해, 우리를 구원하여 영원히 함께 살게 하기 위해서 이 땅에 사람의 아들인자, Son of Man로 오셨다고 말씀하십니다.

히브리서 2장 14~18절

14 자녀들은 혈육에 함께 속하였으매 그도 또한 한 모양으로 혈육에 함께 속하심은 사망으로 말미암아 사망의 세력을 잡은 자 곧 마귀를 없이 하시며

15 또 죽기를 무서워하므로 일생에 매여 종노릇하는 모든 자들을 놓아 주려 하심이니

16 이는 실로 천사들을 붙들어 주려 하심이 아니요 오직 아브라함의 자손을 붙들어

20 예수님은 왜 인간으로 오셨을까요?

주려 하심이라

17 그러므로 저가 범사에 형제들과 같이 되심이 마땅하도다 이는 하나님의 일에 자

비하고 충성된 대제사장이 되어 백성의 죄를 구속하려 하심이라

18 자기가 시험을 받아 고난을 당하셨은즉 시험 받는 자들을 능히 도우시느니라

First time with the Bible

《The Descent from the Cross》
Rembrandt van Rijn, 1650~1652

"

우리가 아직 죄인되었을 때에
그리스도께서 우리를 위하여 죽으심으로
하나님께서 우리에 대한 자기의 사랑을
확증하셨느니라

로마서 5장 8절

"

21

예수님의 마지막 당부
"땅 끝까지 복음을 전파하라"

인류를 죄로부터 자유롭게 하고, 다시 성부 하나님과의 관계를 회복하게 하신 예수님의 사역의 절정은 예수님께서 십자가에서 죽으신 후 부활하신 것과 부활 이후 제자들을 만나셔서 앞으로 제자들이 해야 할 일에 대해서 말씀해 주시는 장면일 것입니다.

예수님의 십자가 사건을 복기해 보면 다음과 같습니다.

예수 그리스도의 십자가 상에서의 죽음은 당시 예루살렘을 엄청난 소요에 빠뜨렸습니다. 예수님을 메시야로 생각하던 사람이나 단순히 사기꾼 정도로 생각했던 사람이나, 당시 그곳에서 예수님에 대한 소문을 들었던 모든 사람들에게 세상 어느 누구에게도 들을 수 없었던 하나님 나라에 대한 이야기를 해 주었던 예수라는 청년의 무력한 죽음은 너무도 큰 충격이었을 것입니다. 많은 사람들이 실망했고 심지어 예수님으로부터 직접 십자가 죽음의 의미를 들었던 제자들마저 떠나갔습니다.

그러나 이렇게 성공적으로 예수님을 육체적으로나 정치적으로 매장시키는데 성공했던 이스라엘의 종교지도자들은 예수님께서 죽으신 후에도 여전히 불안에 떨었습니다. 왜냐하면 예수님께서는 십자가를 지시기 전에 자신이 죽고 장사된 지 사흘 만에 다시 부활할 것이라고 미리 예고하셨기 때문입니다.

불안과 두려움에 빠져있던 대제사장과 서기관들은 예수님의 무덤을 봉인하고 군사들을 시켜 사흘 동안 무덤 앞을 지키게 했습니다. 그러나 사건의 결말은 우리 모두가 잘 알고 있듯이 예수님은 부활하셨고 이 사실을 은폐하기 위해 유대 종교지도자들은 무덤을 지키던 로마병사들에게 돈을 주어 입막음을 한 후 예수의 시체를 제자들이 훔쳐갔다는 거짓 소문을 퍼뜨렸습니다.

그러나 예수님은 부활하신 후 40일 동안이나 제자들을 포함하여 여러 사람들 앞에 나타나셨습니다. 엠마오로 가던 제자들에게 다가가서는 성경말씀을 풀어주시기도 했고, 함께 모여 기도하고 있던 제자들에게 나타나 식탁 교제를 나누시고 평강을 빌어주시기도 했습니다. 이렇게 부활하신 예수님으로부터 기독교가 시작되게 된 것입니다.

예수님께서 부활하신 몸으로 제자들과 함께 보냈던 그 시간동안 어떤 말씀을 하셨는지 성경에 모두 기록되어 있지는 않지만 그분께서 하나님 나라에 대해 말씀하셨고, 그 말씀을 다 하신 후에는 제자들과 약 500명의 사람들이 보는 앞에서 하늘로 승천하셨다는 사실만큼은 정확하게 기록되어 있습니다. 그리고 넋을 놓고 그 광경을 보고 있던 사람들에게 천사가 나타나 예수님은 지금 올라가신 그 모습 그대로 다시 이 세상에 오실 것이라는 말을 해주었습니다.

예수님께서 부활하시고 지상에서 40일을 보내신 가장 중요한 이유는 이 땅에 홀로 남게 된 제자들이 새로운 사명을 감당할 수 있도록 준비시키기 위해서였습니다. 이제 온 인류를 구원하기 위한 하나님의 계획은 예수님의 제자들을 통해 이어질 것이었습니다.

사도행전 1장 8절은 예수님께서 제자들에게 '오직 성령이 너희에게 임하시면 너희가 권능을 받고 예루살렘과 온 유대와 사마리아와 땅 끝까지 이르러 내 증인이 되리라'라고 예언하신 말씀입니다.

제자들은 '예수님과 예수님의 사역에 대한 증인'이라는 새로운 정체성을 가지고 증인으로서의 삶을 살아야 한다는 목적과 사명을 부여받게 되었습니다. 이들은 예수님의 십자가와 부활이 역사적인 사실이라는 것과 그 사건의 의미가 인류를 죄에서 구원하고 인류를 다시 하나님의 자녀로 회복시키시기 위한 일이었다는 것을 온 세상 사람들 앞에서 증언해야 했습니다. 이 일은 예수님께서 약속하신 하나님의 나라를 유업으로 받기 위해 예수님의 고난에도 함께 동참해야 함을 의미했습니다. 그리고 역사는 이들이 예수 그리스도께서 누구시며 그가 인류를 위해 어떤 일을 하셨는지 증언하기 위해 모든 것을 내버렸음을 알려줍니다.

예수님의 제자들이 이겨내야 할 고난은 인간의 힘으로 극복할 수 있는 것이 아니었습니다. 그러므로 이러한 고난을 이기고, 강력한 증인이 되기 위해서 예수님께서는 제자들에게 성령을 보내주시겠다고 약속하셨던 것입니다. 이 땅에서 인간의 몸으로 사랑하던 제자들과 함께 계셨던 예수님을 대신하여 이제는 성령 하나님께서 제자들이 사명을 감당할 수 있도록 도우시고 그 제자들의 복음 전함을 통해 미래의 제자가 될 모든 사람들과도 항상 함께 하시겠다고 약속하신 것입니다.

예수님은 십자가의 죽음과 부활이라는 방법을 통해 인류의 죗값을 치르고 다시 하나님의 자녀로 회복시키시려는 하나님 아버지의 뜻을 성취하셨습니다. 그러므로 이제 하나님 아버지께로부터 하늘과 땅의 모든 권세를 위임 받으시고 장차 인류를 심판하실 분으로 이 땅에 다시 오실 것입니다.

예수님의 재림다시 오심을 소망하며 살아가는 동안 예수님의 제자가 되고 예수님의 증인이 된 사람들은 예수님의 명령대로 온 세상으로 나가서 모든 사람들을 제자로 삼도록 노력해야 합니다. 예수님은 제자들에게 아버지와 아들과 성령의 이름으로 세례를 주고 죄 사함과 거듭남의 은혜, 그리고 구원과 영생의 복된 소식을 전하라고 하셨습니다. 그리고 전할 뿐 아니라 이 세상이 끝나는 날 예수님의 심판대 앞에서 부끄러움이 없도록 모든 사람들에게 예수님의 말씀을 가르쳐 지키게 하라고 당부하셨습니다.

부활하신 예수님의 명령은 예수님께서 하늘로 올라가신 후 지금까지 예수님의 제자가 되기로 결심한 모든 사람들에게도 똑같이 주어진 사명이며 이 사명을 수행하기로 결정한 사람들의 모임이 교회입니다.

성경은 우리의 몸이 곧 하나님의 성전Temple of God이기 때문에 세상 사람들과 구별되는 거룩한 삶을 살라고 권면합니다. 우리의 몸은 성령이 거하시는 거룩한 집이기 때문입니다.

그러나 혼자서는 거룩하게 살라고 하신 명령을 지키기 어렵기 때문에 예수님께서는 성도들의 공동체인 교회를 세우시고 그 교회의 머리가 되셔서 하나님의 일들을 해나가십니다. 그래서 성도들은 각자 받은 은사와 부르심대로 교회의 지체로 서로 협력하며 예수 그리스도의 증인이 되는 사명을 감당해야 합니다.

그 사명이 교회를 통해 이 땅에서 펼쳐지고 있는 생생한 기록이 신약성경의 사도행전입니다.

마태복음 28장 16~20절

16 열 한 제자가 갈릴리에 가서 예수의 명하시던 산에 이르러

17 예수를 뵈옵고 경배하나 오히려 의심하는 자도 있더라

18 예수께서 나아와 일러 가라사대 하늘과 땅의 모든 권세를 내게 주셨으니

19 그러므로 너희는 가서 모든 족속으로 제자를 삼아 아버지와 아들과 성령의 이름으로 세례를 주고

20 내가 너희에게 분부한 모든 것을 가르쳐 지키게 하라 볼찌어다 내가 세상 끝날까지 너희와 항상 함께 있으리라 하시니라

사도행전 1장 8절

8 오직 성령이 너희에게 임하시면 너희가 권능을 받고 예루살렘과 온 유대와 사마리아와 땅끝까지 이르러 내 증인이 되리라 하시니라

성경은 처음이시죠?

First time with the Bible

⟨The Good Samaritan⟩
Rembrandt van Rijn, 1630

"

예수께서 대답하여 가라사대
어떤 사람이 예루살렘에서 여리고로 내려가다가
강도를 만나매 강도들이 그 옷을 벗기고 때려
거반 죽은 것을 버리고 갔더라

마침 한 제사장이 그 길로 내려가다가
그를 보고 피하여 지나가고
또 이와 같이 한 레위인도 그곳에 이르러
그를 보고 피하여 지나가되

어떤 사마리아인은 여행하는 중 거기 이르러
그를 보고 불쌍히 여겨 가까이 가서
기름과 포도주를 그 상처에 붓고 싸매고
자기 짐승에 태워 주막으로 데리고 가서 돌보아 주고

이튿날에 데나리온 둘을 내어 주막 주인에게 주며 가로되이 사
람을 돌보아 주라 부비가 더 들면
내가 돌아 올 때에 갚으리라 하였으니

네 의견에는 이 세 사람 중에
누가 강도 만난 자의 이웃이 되겠느냐

누가복음 10장 30~36절

"

22

교회가 해야 할 일은 무엇일까요?

예수님께서는 부활하시기 직전에 제자들에게 '땅 끝까지 이르러 내 증인이 되리라'고 말씀하셨습니다. 하나님께서 예수님을 통해 인류를 구원하시겠다고 한 그 예언이 성취되었고, 이제 예수님을 믿는 모든 사람들이 구원의 은혜를 받을 수 있게 되었다는 기쁜 소식, 복음을 전하라는 말씀이셨습니다.

이 일을 잘 수행할 수 있도록 예수님께서는 제자들에게 '성령'의 능력을 부어주시고 '교회'를 세우게 하셨습니다. 그때로부터 2천 년이 지난 지금까지 모든 크리스천들은 예수님의 제자, 증인으로서 구원의 기쁜 소식을 전하는 사람들로 살아가고 있습니다.

성경의 사도행전은 예수님의 제자들이 초기에 어떻게 교회를 세우고 복음을 전하였는지에 대해 상세하게 묘사하고 있습니다. 또한 대표적인 전도자인 사도 바울의 많은 편지들은 오늘날 튀르키예와 그리스 지역 그리고 로마에 세워졌던 교회들에게 어떻게 복음을 전했고, 복음 안에서 서로 성장하면서 예수님께서 다시 오실 때까지 살아내야 하는

지를 가르치는 내용으로 구성되어 있습니다.

또한 '사랑장'이란 별칭으로 유명한 고린도전서 13장과 그 전후의 내용들을 살펴보면 사도 바울이 고린도교회 교인들에게 서로의 은사 달란트 Talent를 자랑하거나 시기하지 말고 예수 그리스도를 머리로 하여 한 몸을 이루고 각자의 은사와 부르심대로 사역하라는 당부의 말씀을 하고 있는 것을 보게 됩니다.

상상해보건대 초대교회라고 해도 사람들이 모인 곳이니 오늘날의 교회 모습과 크게 다르지 않았을 것입니다. 그때에도 교회 안에서는 성도들이 서로의 은사를 부러워하기도 하고, 자신의 은사를 자랑하기도 하면서 자기 주장대로 교회를 이끌어 가려고 했던 일들이 많았을 것입니다. 그래서 사도 바울은 교회가 교회답게 되는데 가장 중요한 것이 '사랑'임을 강조했던 것 같습니다.

하나님을 믿는 믿음을 가지는 것도, 천국에 대한 소망을 가지는 것도 각자 혼자서 해야 할 일이고 혼자 할 수 있는 일이지만 '사랑'만큼은 혼자서는 할 수가 없습니다. 언제나 상대방이 있어야 하고 사람들과의 관계 속에서, 그리고 공동체 속에서만 사랑을 할 수 있습니다.

사도 바울은 예수님의 십자가와 부활의 복음을 전하여 사람들을 예수 그리스도의 제자가 되도록 성장시켜야 하는 교회의 사명을 정확히 잘 알고 있었습니다. 그런 사도 바울이 이 사명을 감당할 수 있는 최선의 방법이 서로 사랑하는 것이라고 한 것입니다.

사도 바울은 사랑을 정의하면서, '사랑은 오래 참고 온유하며 투기하지 않으며, 자랑하지 않으며 교만하지 않으며 무례히 행하지 아니하며 자기의 유익을 구하지 아니하며, 성내지 아니하며 악한 것을 생각

22 교회가 해야 할 일은 무엇일까요?

지 아니하며, 불의를 기뻐하지 않으며 진리와 함께 기뻐하며, 모든 것을 참으며 모든 것을 믿으며, 모든 것을 바라며 모든 것을 견디는 것'이라고 말합니다.

만약 교회 공동체가 이러한 사랑으로 하나되면 어떤 일이 일어날까요? 교회는 연약한 인간들의 모임입니다. 다시 말해 거듭났지만 아직 죄인의 속성에서 완전히 벗어나지 못한 사람들이 모이는 곳입니다. 그러다보니 여전히 세상적인 가치가 섞여 있기도 하고, 미성숙하고 불완전하기도 한 공동체가 교회입니다. 그럼에도 불구하고 교회 안에서 함께하는 성도들을 형제 자매로 여기면서 그리스도의 사랑을 배우고 실천하며 예수님이 다시 오실 때까지 함께 살아갈 수 있다면 이 세상에서 쉽게 볼 수 없는 아름다운 공동체가 될 것입니다.

사실 사도 바울도 처음 예수님을 믿고 전도를 시작했을 때 의욕과 열정이 넘쳐서 교회 안에서 믿음의 대선배였던 사도 베드로의 실수에 대해 공개적으로 비난하기도 했고, 함께 일하는 사람들 사이에서 화평을 깨기도 했다고 고백했습니다. 어린 아이와 같이 주님을 사랑하는 열정만으로 자기가 하는 일이 옳고, 자기가 이끄는 사역의 방법만이 효과적이라고 주장했던 때가 있었다는 것입니다. 그러나 사도 바울도 세월이 흐르면서 장성한 사람, 성숙한 사람이 되어 어린 아이의 일을 버렸다고 말합니다.

사도 바울은 지금 이 세상에서는 누구도 예수님을 온전히 알 수가 없고 각자 부분적으로 희미하게만 알 수 있을 뿐이라고 했습니다. 그러나 천국에서 예수님을 다시 만나게 되는 그날이 오면 예수님께서 한 사람 한 사람을 완벽하게 알고 계셨던 것처럼, 우리도 예수님을 온전히 알게 될 것이라고 가르쳐주고 있습니다.

이제 이 땅에 살면서 예수님이 오시는 그날까지 복음을 전하고 제자가 되는 그 사명을 감당해야 할 교회와 성도들은 예수님에 대한 믿음과 예수님께서 다시 오실 것이란 소망을 가지고 충성된 청지기처럼 살아야 합니다. 그러한 삶이 세상과 좀 맞지 않은 것처럼 느껴지고, 실패자처럼 느껴지더라도 사명을 잊으면 안됩니다.

그리고 이 사명은 교회로 함께 모인 사람들이 예수님의 사랑으로 서로 사랑하며 그 사랑을 세상 속에도 널리 확산시키는 방식으로 이루어져야 할 것입니다.

예수님을 직접 대면하는 그날에는 예수님에 대한 믿음도 성취되고, 천국에서 살 수 있다는 소망도 성취되겠지만 그 이후로 예수님과 우리들은 영원히 서로 사랑하며 살아가야 합니다. 그래서 사도 바울도 믿음, 소망, 사랑이 모두 중요하지만 그중에 제일은 '사랑'이라고 한 것이 아닐까 싶습니다.

고린도전서 13장 1~13절

1 내가 사람의 방언과 천사의 말을 할찌라도 사랑이 없으면 소리나는 구리와 울리는 꽹과리가 되고

2 내가 예언하는 능이 있어 모든 비밀과 모든 지식을 알고 또 산을 옮길만한 모든 믿음이 있을찌라도 사랑이 없으면 내가 아무 것도 아니요

3 내가 내게 있는 모든 것으로 구제하고 또 내 몸을 불사르게 내어 줄찌라도 사랑이 없으면 내게 아무 유익이 없느니라

22 교회가 해야 할 일은 무엇일까요?

4 사랑은 오래 참고 사랑은 온유하며 투기하는 자가 되지 아니하며 사랑은 자랑하지 아니하며 교만하지 아니하며

5 무례히 행치 아니하며 자기의 유익을 구치 아니하며 성내지 아니하며 악한 것을 생각지 아니하며

6 불의를 기뻐하지 아니하며 진리와 함께 기뻐하고

7 모든 것을 참으며 모든 것을 믿으며 모든 것을 바라며 모든 것을 견디느니라

8 사랑은 언제까지든지 떨어지지 아니하나 예언도 폐하고 방언도 그치고 지식도 폐하리라

9 우리가 부분적으로 알고 부분적으로 예언하니

10 온전한 것이 올 때에는 부분적으로 하던 것이 폐하리라

11 내가 어렸을 때에는 말하는 것이 어린 아이와 같고 깨닫는 것이 어린 아이와 같고 생각하는 것이 어린 아이와 같다가 장성한 사람이 되어서는 어린 아이의 일을 버렸노라

12 우리가 이제는 거울로 보는것 같이 희미하나 그 때에는 얼굴과 얼굴을 대하여 볼 것이요 이제는 내가 부분적으로 아나 그 때에는 주께서 나를 아신 것 같이 내가 온전히 알리라

13 그런즉 믿음, 소망, 사랑, 이 세 가지는 항상 있을 것인데 그 중에 제일은 사랑이라

23

크리스천은 어떻게 살아가야 할까요?

초대교회 시대 당시 예수님의 제자들은 전세계로 복음을 전하다가 하나 둘씩 순교를 하게 됩니다.

전해지는 이야기에 따르면 예수님의 수제자였던 사도 베드로는 네로 황제의 핍박 아래서 십자가에 거꾸로 못박혀 순교했다고 합니다. 예수님의 부활을 의심했지만 예수님의 허리에 난 창 자국과 손바닥의 못 자국을 직접 확인한 후 확신을 가졌던 사도 도마도 복음을 전하다가 인도에서 순교했다고 전해집니다. 예수님께서 사랑하시던 제자라고 알려진 사도 요한은 가장 오래 살긴 했지만 밧모라는 섬에 유배되어 살다가 그곳에서 쓸쓸히 죽었습니다. 그리고 사도 바울 역시 로마에서 도끼로 목이 잘려 순교하게 되었습니다.

로마에서 감금 상태에 있던 사도 바울은 죽음을 앞두고 아들처럼 사랑했던 디모데에게 다음과 같은 유언을 남겼습니다.

'나는 하나님과 예수 그리스도의 복음을 위하여 혼신의 힘을 다 쏟았다. 그리고 선한 싸움을 싸웠고 끝까지 나에게 주어진 사명을 다하며 믿음을 지켰다. 그래서 이제 의로우신 재판장되시는 예수 그리스도 앞에서 의의 면류관을 여러 성도들과 함께 받게 될 것이다'라고 말입니다.

이렇게 예수님의 복음을 전하기 위해 헌신했고 그러기에 후회없는 삶을 산 사람, 자신의 영혼을 구원했을 뿐만 아니라 다른 사람의 영혼을 구한 공로로 의의 면류관을 받을 것이라는 확신을 가지고 죽음을 맞이할 수 있는 사람이 과연 이 세상에 몇 명이나 될까요? 한편으로는 부러운 일이기도 하고, 또 한편으로는 사도 바울과 같은 삶을 살고 싶지는 않다는 생각이 들기도 하고, 혹시 하나님께서 나를 그런 삶으로 인도하시면 어떻게 하나 두렵기도 합니다.

사도 바울의 삶을 보면서 복잡한 심경을 가지게 될 후세 사람들에게 사도 바울은 디모데에게 주는 편지를 남김으로써 예수님께서 오실 때까지 어떤 삶의 태도를 가지고 살아야 하는지를 분명히 알려주고 있습니다.

먼저 그는 지금 전하는 말이 하나님과 예수님 앞에서 한 점 부끄러움 없는 사람으로서, 그리고 장차 올 하나님의 나라를 확신하는 사람으로서 엄숙히 내리는 명령임을 분명히 합니다.

디모데가 맞이할 세상, 그리고 다음 세대 크리스천들이 경험하게 될 세상은 사람들이 복음 듣는 일을 좋아하지 않는 세상이 될 것이라고 예견했습니다. 대신 세상 사람들은 자신들의 욕망을 채우기 위해 그들의 귀에 듣기 좋은 말을 해주는 수많은 스승을 찾고, 그들을 쫓을 것이며 그 결과 진리에서는 멀어지고 거짓된 신화에 빠지게 될 것이라고 말입니다.

이런 세상 속에서 디모데로 대표되는 믿음의 다음세대, 오늘의 크리스천들은 어떻게 살아야 할까요?

사도 바울의 예언처럼 오늘날 세상은 진리를 거스르고, 진리를 부담스러워하며, 진리를 모욕하는 시대입니다. 또한 과학과 기술로 인해 앞으로 어떤 세상에서 살게 될지 가늠조차 잘 되지 않는 시대를 지나고 있습니다.

그런데 이토록 급속하게 상상을 초월하는 모습으로 변하고 있는 세상 속에서 크리스천이라고 불리는 사람들은 기원전 1500년부터 기원후 100년 사이에 쓰여진 아주 오래되고 낡은 이야기인 '성경'을 하나님께서 우리에게 주신 진리이며 절대적인 삶의 지침이라고 붙들고 살아가야 합니다. 때를 얻든지 못얻든지 항상 이 성경 말씀을 전파하기에 힘쓰고 범사에 오래 참음과 가르침으로 경책하며 경계하며 권해야 합니다.

세상의 기준에서 볼 때 황당하기 그지없는 이 일을 해내기 위해서는 엄청난 인내와 지적인 훈련과 지혜가 필요할 것 같습니다. 그런데 지금의 크리스천들에게 자신의 믿음을 지키며, 세상에 진리의 복음을 전할 만한 능력이 있을까요? 그리고 그 사명을 감당할 만한 배짱과 용기가 있을까요?

디모데후서 4장 1~8절

1 하나님 앞과 산 자와 죽은 자를 심판하실 그리스도 예수 앞에서 그의 나타나실 것과 그의 나라를 두고 엄히 명하노니

2 너는 말씀을 전파하라 때를 얻든지 못 얻든지 항상 힘쓰라 범사에 오래 참음과 가르침으로 경책하며 경계하며 권하라

3 때가 이르리니 사람이 바른 교훈을 받지 아니하며 귀가 가려워서 자기의 사욕을 좇을 스승을 많이 두고

4 또 그 귀를 진리에서 돌이켜 허탄한 이야기를 좇으리라

5 그러나 너는 모든 일에 근신하여 고난을 받으며 전도인의 일을 하며 네 직무를 다하라

6 관제와 같이 벌써 내가 부음이 되고 나의 떠날 기약이 가까왔도다

7 내가 선한 싸움을 싸우고 나의 달려갈 길을 마치고 믿음을 지켰으니

8 이제 후로는 나를 위하여 의의 면류관이 예비되었으므로 주 곧 의로우신 재판장이 그 날에 내게 주실 것이니 내게만 아니라 주의 나타나심을 사모하는 모든 자에게니라

성경은 **처음**이시죠?

First time with the Bible

《The Apostle Paul》
Rembrandt van Rijn, 1657

> 내가 비천에 처할 줄도 알고
> 풍부에 처할 줄도 알아
> 모든 일에 배부르며
> 배고픔과 풍부와 궁핍에도
> 일체의 비결을 배웠노라
>
> **빌립보서 4장 12절**

24

새 하늘과 새 땅을 기대합니다

성경의 마지막 책은 요한계시록입니다. 요한계시록은 사도 요한이 밧모라는 섬에 유배되어 있을 때 예수님께서 그를 찾아오셔서 이 세상의 마지막 때에 일어날 일들과 끝까지 믿음을 지킨 자들에게 주실 영광과 축복에 대해 말씀해 주신 것을 기록한 책입니다.

당시 상황은 로마의 도미티안 황제가 기독교를 엄청나게 박해할 때였습니다. 이 때 예수님께서는 사도 요한의 편지를 통해 이 시기를 견뎌내어야만 하고, 또한 견뎌내고 있는 성도들에게 요한계시록을 통해 격려와 소망을 주셨습니다. 그리고 이 말씀은 앞으로 비슷한 고난의 시간을 견뎌야 할 종말의 시대를 사는 모든 성도들에게 주시는 말씀이기도 합니다.

요한계시록은 먼저 교회들에 대한 예수님의 칭찬과 꾸지람으로 시작됩니다. 당시 소아시아 즉 지금의 튀르키예 지역에 있던 에베소, 서머나, 버가모, 두아디라, 사데, 필라델피아, 라오디게아의 교회에게 예수님께서는 그들이 어느새 잃어버렸던 예수님에 대한 첫사랑을 회복하고, 확고한 믿음 위에 서서 거짓 교사들을 내쫓고 믿음의 순수성을 지켜 나가라고 권면하셨습니다. 이러한 권면과 경고는 어느 시대를 막론하고 모든 교회가 예수님께서 재림하실 때까지 마음에 새겨 늘 경각심을 가지고 살펴야 할 내용입니다.

그 다음의 내용은 지금 이 세상을 지배하고 있는 사탄의 세력이 어떤 일을 할 것이며 이 일들을 하나님께서는 어떻게 심판하실 것인지, 그리고 그 과정 가운데 이 세상 사람들과 성도들이 겪어야 할 환난과 재앙들은 얼마나 심각할 것인지를 미리 알려주고 계십니다.

사탄은 마지막 때까지 한 사람의 영혼이라도 더 지옥으로 끌고 가기 위해서 온갖 거짓말과 유혹과 고통으로 사람들이 예수님을 믿지 못하게 만들려고 발악을 하게 될 것입니다. 심지어 잘 믿던 사람들까지도 믿음을 지키기 어려운 상황으로 내몰리게 될 것이라는 것입니다. 그럼에도 불구하고 하나님께서는 이러한 환난 가운데서도 끝까지 믿음을 지켜나갈 사람들이 있다고 말씀하시고 이들을 위한 영광의 면류관을 약속해 주셨습니다.

결국 이 세상이 끝나는 날, 사탄의 세력은 꺾임을 당하고 예수님께서는 다시 이 땅에 오실 것이며 세상 사람들은 하나님의 심판대에 서서 각자의 인생에 대한 결산을 하게 될 것입니다.

이 모든 일이 정리되고 난 후 성도들은 '새 하늘'과 '새 땅'이라고 표현되는 천국에서 성부, 성자, 성령 하나님과 영원히 함께 하게 될 것입니다. 그곳에는 더 이상 눈물도, 죽음도, 슬픔도, 아픔도 없을 것이며 지나간 시대에 이 땅을 지배하던 모든 질서들은 다 사라지고 새로운 질서가 세워지고 모든 것은 새롭게 재창조될 것입니다.

하나님께서는 스스로를 알파와 오메가, 즉 이 세상의 시작과 끝이라고 소개하고 계십니다.

이 말의 의미는 하나님은 우리가 살고 있는 세상의 처음과 마지막을 이미 설계하신 분이라는 뜻입니다. 그분이 세상을 창조하셨고, 타락해 가던 세상을 구원하셨으며, 다시금 새로운 창조를 통해 당신의 역사를 완성해 가시는 분이며 인류의 역사는 하나님의 구원의 큰 그림 속에서 진행되고 있다는 의미인 것입니다.

이 큰 그림은 내 인생을 향한 하나님의 뜻에도 적용될 수 있습니다.

하나님은 나를 창조하셨고, 나를 구원하셨으며 나를 새로운 피조물로 재창조하심으로 이 땅에서부터 영원까지 나를 향한 당신의 뜻을 이루어 가실 것입니다.

이 세상에서의 삶이 고단하고 많은 어려움이 있을지도 모르지만 이 모든 것을 믿음으로 인내하며 소망을 가지고 극복할 때 하나님께서는 우리에게 천국을 유업으로 받을 상속자의 자격을 주시겠다고 약속하셨습니다.

참으로 놀라운 약속이 아닐 수 없습니다. 이 약속을 믿고, 현재를 넘어 영원을 향해 나아가는 사람, 눈에 보이는 현실보다 더 크고 분명한 영적인 현실을 볼 수 있는 사람, 그런 사람이 참된 크리스천입니다. 이 세상 모든 사람들이 참된 크리스천으로서, 하나님의 자녀로서, 하나님의 나라를 상속받는 축복을 누릴 수 있게 되길 기도합니다.

성경은 처음이시죠?

요한계시록 21장 1~7절

1 또 내가 새 하늘과 새 땅을 보니 처음 하늘과 처음 땅이 없어졌고 바다도 다시 있

지 않더라

2 또 내가 보매 거룩한 성 새 예루살렘이 하나님께로부터 하늘에서 내려오니 그 예

비한 것이 신부가 남편을 위하여 단장한 것 같더라

3 내가 들으니 보좌에서 큰 음성이 나서 가로되 보라 하나님의 장막이 사람들과 함

께 있으매 하나님이 저희와 함께 거하시리니 저희는 하나님의 백성이 되고 하나

님은 친히 저희와 함께 계셔서

4 모든 눈물을 그 눈에서 씻기시매 다시 사망이 없고 애통하는 것이나 곡하는 것이

나 아픈 것이 다시 있지 아니하리니 처음 것들이 다 지나갔음이러라

5 보좌에 앉으신 이가 가라사대 보라 내가 만물을 새롭게 하노라 하시고 또 가라사

대 이 말은 신실하고 참되니 기록하라 하시고

6 또 내게 말씀하시되 이루었도다 나는 알파와 오메가요 처음과 나중이라 내가 생

명수 샘물로 목 마른 자에게 값 없이 주리니

7 이기는 자는 이것들을 유업으로 얻으리라 나는 저의 하나님이 되고 그는 내 아들

이 되리라

24 새 하늘과 새 땅을 기대합니다

《The Triumph of the Name of Jesus》

Giovanni Battista Gaulli, 1676~1679

> 갈릴리 사람들아 어찌하여 서서
> 하늘을 쳐다 보느냐
> 너희 가운데서 하늘로 올리우신 이 예수는
> 하늘로 가심을 본 그대로 오시리라
>
> **사도행전 1장 11절**

맺으며
크리스천의 신앙고백

성경은 하나님의 관점에서 하나님께서 인간에 대해, 세상에 대해, 그리고 이 세상의 끝과 새로운 시작에 대해 어떻게 보고 계시고 계획하고 계신지를 기록한 책입니다.

성경은 먼저 하나님께서 말씀으로 천지를 창조하셨고, 이후에 인간을 창조하셔서 하나님과 사랑의 관계 속에서 함께 살게 하셨다고 기록하고 있습니다. 그런데 불순종으로 인간은 하나님과의 관계가 끊어지게 되면서 자동적으로 죄의 종이 되어 죽음에 얽매이는 존재가 되어버렸습니다.

아담과 이브는 사실상 하나님이 되고 싶었고 또 그 일이 가능할 것이라고 생각했지만, 사탄의 유혹에 자신의 착각이 더해져 결국 인류의 운명을 망쳐버린 결과를 가져오고야 말았습니다. 오히려 인간은 스스로를 구원할 수 있는 능력이 전혀 없는 절망적인 존재임을 확인하게 되었을 뿐이었습니다.

그럼에도 인간을 사랑하신 하나님께서는 그들을 구원하시기 위해 아브라함이라는 사람을 선택하셨습니다. 그리고 평생을 하나님과 동행했던 아브라함은 많은 시련과 훈련 끝에 하나님께로부터 믿음으로 의롭다함^{Righteousness}을 인정받게 되었고 하나님과 새로운 언약을 맺게 됩니다. 그의 후손 중 누구든지 하나님을 믿으면 그 믿음을 '의'로 여기셔서 구원해 주시겠다고 약속하신 것이었습니다.

아브라함의 후손들로서 하나님의 구원을 위한 축복의 통로로 선택받은 사람들이 이스라엘 민족입니다. 그러나 이스라엘 민족에게는 창조주 하나님께서 자신들을 특별히 선택해 주셨다는 선민의식은 있었지만 하나님의 구원의 역사 속에서 그들이 감당해야만 하는 사명에 대한 인식은 없었습니다. 그들은 하나님을 독점하는 것에 관심이 있었고 하나님을 자신들의 이익을 위하여 이용하는 데에는 적극적이었으나 하나님과의 진정한 관계 회복과 하나님으로부터 약속받은 영원한 구원에 대해서는 그다지 관심이 없었습니다.

온 인류를 구원하고자 하는 하나님의 계획은 이스라엘의 실패로 잠시 멈추는 듯했습니다. 그러나 하나님께서는 예수 그리스도를 인간의 몸으로 이 땅에 보내셔서 인간의 모든 죄를 담당하게 하시고 부활하게 하심으로 이 세상의 모든 사람들이 구원받을 수 있는 새롭고 온전한 길을 여셨습니다.

그러므로 누구든지 예수님을 믿고, 회개하며 성령으로 거듭나면 새로운 피조물, 즉 하나님의 자녀가 될 수 있습니다. 그리고 이후에는 하나님의 자녀답게 거룩하고 구별되게 살아갈 것이 요구되는데 그 요구에 대해 기쁘게 기꺼이 응답하는 삶을 살아갈 수 있게 되는 것입니다.

이런 사람들을 '크리스천^{Christian}'이라고 부릅니다. 이들은 세상의 빛

맺으며: 크리스천의 신앙고백

과 소금이 되어 여전히 죄 가운데 있는 사람들에게 구원의 기쁜 소식을 전해야 하고, 다른 이들의 영혼을 구원하는데 헌신함으로 진정한 이웃 사랑을 실천할 것을 사명으로 받은 사람들입니다.

성경은 이 세상의 시작이 있었던 것처럼 반드시 끝이 있을 것이라고 분명히 예언하고 있습니다. 그 마지막 때, 예수님께서는 이 땅에 다시 오셔서 세상의 모든 사람들을 심판하게 될 것이라고 말입니다. 예수님을 믿고, 그 믿음을 의로 인정받은 성도들은 하나님께서 예비하신 새 하늘과 새 땅에서 영원히 하나님과 함께 살게 될 것인 반면, 하나님의 구원의 초청을 거부한 사람들은 하나님의 임재가 없는 지옥에서 영원히 살게 될 것입니다. 이것이 성경 전체가 말하고 있는 내용입니다.

크리스천그리스도인이란 성경이 말씀하시는 모든 사건들이 신화나 비유가 아니라 역사적인 사실임을 믿는 사람들을 뜻합니다. 크리스천들은 성경의 모든 예언들은 이미 성취되었거나 장차 온전히 성취될 것이라고 믿습니다. 또한 성경의 모든 이야기들은 우리를 사랑하시는 하나님께서 이 땅에서 한정된 삶을 살고 있는 우리들에게 인생의 의미와 가치를 일깨워 주시고, 인생의 실체가 단지 이 땅에서 눈에 보이는 것에 국한되는 것이 아니라 더 깊고, 더 넓고, 영원한 것임을 알려주기위해 주신 말씀임을 믿습니다.

또한 우리의 믿음이 그저 인간적인 확신이나 감상에 기반한 것이 아니라 창조주 하나님의 절대적인 말씀과 그분에 대한 사랑에 확고히 기반하고 있는 것임을 고백하는 사람들입니다. 이런 믿음을 가진 사람들을 세상은 감당하지 못할 것입니다.

매주 예배 때마다 고백하는 사도신경으로 이 책을 마무리하고 싶습니다. 오랜 세월동안 믿음의 선배들이 자신들의 믿음의 내용으로 고백한 그 고백이 오늘도 동일하게 우리의 고백이 되기 때문입니다.

사도신경

전능하사 천지를 만드신 하나님 아버지를 내가 믿사오며,

그 외아들 우리 주 예수 그리스도를 믿사오니,

이는 성령으로 잉태하사 동정녀 마리아에게 나시고 본디오 빌라도에게 고난을 받으사 십자가에 못박혀 죽으시고 장사한 지 사흘 만에 죽은 자 가운데서 다시 살아 나시며, 하늘에 오르사, 전능하신 하나님 우편에 앉아 계시다가, 저리로서 산 자와 죽은 자를 심판하러 오시리라.

성령을 믿사오며, 거룩한 공회와, 성도가 서로 교통하는 것과, 죄를 사하여 주시는 것과, 몸이 다시 사는 것과 영원히 사는 것을 믿사옵나이다. 아멘.

맺으며: 크리스천의 신앙고백

《Daniel and Cyrus Before the Idol Bel》

Rembrandt van Rijn, 1633

"

너희는 이 세대를 본받지 말고
오직 마음을 새롭게 함으로 변화를 받아
하나님의 선하시고 기뻐하시고 온전하신 뜻이
무엇인지 분별하도록 하라

로마서 12장 2절

"

참고자료

성경
성경전서 개역한글판

변증서
제임스 사이어,『기독교 세계관과 현대사상』
알버트 월터스,『창조, 타락, 구속 – 기독교 세계관을 위한 기초』
낸시 피어시,『완전한 진리』
C.S. 루이스,『순전한 기독교』
프란시스 쉐퍼,『이성에서의 도피』
리 스트로벨,『예수는 역사다』
찰스 콜슨 · 낸시 피어시,『그리스도인 이제 어떻게 살 것인가』

창조론과 진화론 논쟁
켄 햄, 휴 로스, 데보라 하스마, 스티븐 마이어,『창조, 진화, 지적설계에
대한 네가지 견해』
존 레녹스,『과학은 모든 것을 설명할 수 있는가』
노휘성,『나는 이렇게 창조와 진화에 대한 답을 찾았다』

성경은 **처음**이시죠?

신앙서
어거스틴, 『고백록』
존 칼빈, 『기독교 강요 초판』

기타
루이스 마르코스, 『플라톤에서 그리스도까지』
글렌 S. 선샤인, 『당신이 그렇게 생각하는 이유』

인터넷 사이트
Discovery Institute   https://www.discovery.org
Summit Ministry   https://www.summit.org
The Worldview Bulletin   https://worldviewbulletin.substack.com

성경은 처음이시죠?

발행 2024년 8월 15일 초판 1쇄 발행

지은이 정소영

펴낸이 정소영

디자인 김현진

펴낸곳 도서출판 렉스

주소 서울특별시 중랑구 봉화산로 4길 70-4

등록 2014년 4월 14일 제2014-000111호

이메일 spaul.academy@gmail.com

홈페이지 www.saintpaulworldview.org

ISBN 979-11-958521-5-4(03230)

그림 출처 Artvee.com